Victoria Fischer

Kriegstrauma im Alter

Warum ist Biografiearbeit in vollstationären Pflegeeinrichtungen wichtig?

Bibliografische Information der Deutschen Nationalbibliothek:

Die Deutsche Nationalbibliothek verzeichnet diese Publikation in der Deutschen Nationalbibliografie; detaillierte bibliografische Daten sind im Internet über http://dnb.d-nb.de abrufbar.

Impressum:

Copyright © Studylab 2019

Ein Imprint der GRIN Publishing GmbH, München

Druck und Bindung: Books on Demand GmbH, Norderstedt, Germany

Coverbild: GRIN Publishing GmbH | Freepik.com | Flaticon.com | ei8htz

Inhaltsverzeichnis

1 Einleitung

"Der Krieg hat einen sehr langen Arm.

Noch lange, nachdem er vorbei ist, holt er sich seine Opfer."

Dieses Zitat von Martin Kessel beschreibt die Situation die sich in der heutigen Gesellschaft unbewusst wiederspiegelt. Vor allem in der Arbeit mit hilfebedürftigen alten Menschen, sind die Spuren von prägenden Ereignissen aus dem zweiten Weltkrieg spürbar. Die Bundeszentrale für politische Bildung (bpb) belegt auf Grundlage der Datenerhebung vom Statistischen Bundesamt, dass im Jahr 2013 4,4 Mio. der Bevölkerung in Deutschland über 80 Jahre alt waren. Bevölkerungsvorausberechnungen gehen bis 2050 von einer Steigerung (unter Berücksichtigung von Zuwanderung) auf 9,9 Mio. Menschen aus (vgl.www.bpb.de, 2019). Mit zunehmendem Alter steigt auch die Pflegebedürftigkeit der Hochbetagten. 2013 belief sich die Anzahl der über 80-jährigen Pflegebedürftigen in vollstationären Einrichtungen auf 0,76 Mio. Personen. Im Jahr 2017 wurden 0,82 Mio. Pflegebedürftige in Deutschland registriert, Tendenz steigend (vgl.www-genesis.destatis.de, 2019). Welche Bedeutung hat das für den Pflegeprozess in vollstationären Einrichtungen? Zum einen steigt natürlich der Bedarf an entsprechenden Einrichtungen sowie gut ausgebildetem Personal in Pflege und Betreuung. Zum anderen werden die physischen und psychischen Defizite der Pflegebedürftigen, mit zunehmendem Alter immer komplexer. Dieser Aspekt ist auch in meiner täglichen Arbeit als Ergotherapeutin in einer vollstationären Einrichtung spürbar. 66% der zu Pflegenden in dieser Einrichtung sind vor und während des 2. Weltkriegs geboren und aufgewachsen. 38,7% dieser Kohorte zeigen mögliche Anzeichen einer Kriegstraumatisierung. Dennoch stoßen diverse Verhaltensweisen aufgrund von Unsicherheit auf beiden Seiten, auf wenig Beachtung. So mangelt es am biografischen sowie zeitgeschichtlichen Wissen auf Seiten des Personals gegenüber den Pflegebedürftigen. Wohingegen Betroffene verschlossen bleiben aus Mangel an Vertrauen und Schutz-, Scham- sowie Schuldgefühl. Daher erscheint mir eine individuelle und ganzzeitliche Informationensammlung von Pflegebedürftigen in vollstationären Einrichtungen als sehr wichtig. Denn nur dann kann ein positiver Pflegeprozess, der Klienten in Pflegeeinrichtungen erzielt werden. Leider orientiert sich von Gesetzes wegen der Pflegealltag auf Planung und Durchführung von Pflegezielen und Maßnahmen, sowie ihre Evaluation. Biografische Daten werden nur am Rande von Angehörigen oder gar nicht erfasst.

Dabei sollte doch gerade die Biografiearbeit als bedeutende Grundlage für Pflege-förderung- und Aktivierungsmaßnahmen dienen (vgl.Lore Wehner, 2017, S. 10). Warum die Biografiearbeit so wichtig ist und welche Methoden die Pflege- und Betreuungskräfte problemlos im Alltag einsetzen können möchte ich im Kontext Kriegstraumata im Alter aufzeigen. Die Bachelorarbeit umfasst 3 Themenschwer-punkte die im einzeln abgehandelt werden. Die Kenntnisse zu den einzelnen Schwerpunkten beziehen sich auf reine Literaturecherche. Einleitend wird das psychische Trauma mit seinen Symptomen und Verlaufsformen verdeutlicht, um dann im Weiteren zum Kriegstraumata hinzuführen. Bezugnehmend auf die diffe-renzierten Betroffenengruppen erachte ich eine Einteilung der Zeitzeugen als sinnvoll. Die Thematik Kriegstrauma bezieht sich daher auf die Kohorte der in den Jahren 1927-1945 geborenen und aufgewachsenen Kinder und Jugendliche. Die möglichen Belastungen der Kohorte werden entsprechend den Phasen der Sozialisation eingeteilt. So werden erst die traumatischen Ereignisse und Folgen im Kleinkindalter beschrieben um im Folgenden auf Belastungen und Folgen in Kindheit und Jugend einzugehen. Hinsichtlich der unterschiedlichen Internalisie-rung[1] von belastenden Erlebnissen sollen in diesem Zusammenhang die Risiko- und Schutzfaktoren benannt und erklärt werden. Welche Folgen schwere Kriegsereignisse haben können, soll unter Berücksichtigung der verschiedenen Lebensphasen und den damit zusammenhängenden differenzierten Lebensaufga-ben sowie Bewältigungsstrategien veranschaulicht werden. Um die Thematik Kriegstrauma abzurunden werfe ich einen Blick auf den gesellschaftlichen Um-gang unter den Gesichtspunkten Forschung, Familie und Betroffene. Den zweiten Themenschwerpunkt widme ich der Biografiearbeit im Alter. Nach einer kurzen Einführung wird die Lebensphase Alter nach der Einteilung von Erikson definiert, um dann das Arbeitsfeld Biografiearbeit vorzustellen. Dazu werden im Verlauf des Kapitels die Methoden und Rahmenbedingen für eine gelingende Biografiearbeit vorgestellt. Das Kapitel wird mit der Zielsetzung der Biografiearbeit und mit der Beschreibung möglicher Schwierigkeiten und Grenzen abgeschlossen. Das letzte Kapitel verweist auf die Anforderungen und den Handlungsbedarf der Sozialen Arbeit in Bezug auf Kriegstraumata im Alter in vollstationären Pflegeeinrichtun-gen. Dazu werden die möglichen Spätfolgen von Kriegserlebnissen bei Betroffe-nen im hohen Erwachsenenalter benannt. Dem folgend werden die Anzeichen und

---

[1]   zueigen machen, verinnerlichen

Auslöser von Trauma- Reaktivierungen und Retraumatisierung benannt, um dann den Zusammenhang kriegserfahrener alter Menschen mit den Problemen bei den alltäglichen Pflegemaßnahmen aufzuzeigen. Wie Mitarbeiter mögliche Anzeichen von kriegstraumatisierten Menschen erkennen und daraufhin handeln sollten, werde ich im weiteren Verlauf des Kapitels beschreiben. Es besteht die Notwendigkeit hilfreicher Unterstützung von Angehörigen, in Bezug auf die Biografie der Betroffenen, sowie ein gut aufgestelltes Netzwerk von Fachärzten, Therapeuten, Seelsorgern und Fortbildungsmöglichkeiten für Fachkräfte. Dies ist in der Verbindung mit der Thematik unumgänglich. Im letzten Abschnitt möchte ich noch einmal auf die Bedeutung der Biografiearbeit eingehen. Dazu werden zwei Interventionsmethoden der Sozialen Arbeit vorgestellt, die in der alltäglichen Arbeit in Pflegeeinrichtungen leicht umsetzbar sind. Für das Erstgespräch und/oder Aufnahmegespräche eignet sich dafür die adaptierte Methode des narrativen[2] Interviews. Da es sich hierbei um eine Form der Einzelintervention handelt wird im zweiten Beispiel das Vertellekes- Spiel als mögliche Gruppenintervention vorgestellt. Diese ausgewählten Methoden sollen demonstrieren das notwendige Biografiearbeit in Pflegeeinrichtungen leicht zu integrieren ist und somit eine hilfreiche Unterstützung in der Arbeit mit kriegstraumatisierten alten Menschen darstellt.

---

[2] erzählend, in erzählerischer Form

2 Psychisches Trauma

Das Wort „Trauma" stammt aus dem Griechischen und bedeutet „Wunde" oder „Verletzung". (vgl.Redaktion Naturwissenschaft und Medizin, 1998, S. 746). Die physischen Verletzungen sind in der Gesellschaft schon lange bekannt und akzeptiert. Umso erschreckender ist es, dass erst seit den achtziger Jahren des 20 Jahrhunderts das psychische Trauma in der Wissenschaft mehr und mehr Anerkennung findet (vgl.Ruppert, 2018, S. 65). Die Ereignisse, die ein psychisches Trauma auslösen können, sind vielzählig. Zudem werden sie eingeteilt nach Häufigkeit des Auftretens, *Typ I Traumata*[3] und *Typ II Traumata*[4], sowie verursachenden Faktoren, *Non-intentionale/akzidentelle Traumata*[5] und *Intentionale Traumata/ man-made-disaster*[6] (vgl.Pausch & Matten, 2018, S. 5). Die Verarbeitungen solcher Schicksalsschläge sind individuell und hängen stark vom sozialen Umfeld ab. Im folgenden Abschnitt wird das psychische Trauma definiert und seine Verlaufsformen kurz erläutert, um die Komplexität des Kriegstraumata detailliert zu beschreiben und verständlich zu machen.

2.1 Definition und Verlauf

Das ICD-10-GM der WHO[7] ist das bekannteste und meist genutzte internationale Verzeichnis zur Klassifikation von Krankheiten (vgl.Gahleitner, Zimmermann, & Zito, 2017, S. 39). Die Definition eines psychischen Traumas verfasst die WHO unter dem Diagnosepunkt der PTBS[8] wie folgt: „(...) ein außergewöhnlich belastendes Lebensereignis, das eine akute Belastungsreaktion hervorruft oder eine besondere Veränderung im Leben, die zu einer unangenehmen Situation geführt hat und eine Anpassungsstörung hervorruft" (Bundesministerium für Gesundheit unter Beteiligung der Arbeitsgruppe ICD, 2017, S. 198). Vereinfacht ausgedrückt zählen Ereignisse, wie Unfälle, Naturkatastrophen, Gewalttaten und Kriegerlebnisse zu den Hauptursachen belastender Lebensereignisse. Verbunden ist das mit dem Gefühl von Todesangst, Kontrollverlust und Hilflosigkeit, die eine normale

---

[3] plötzlich, unerwartete stressreiche Ereignisse von kurzer Dauer
[4] langfristige, sich wiederholende Situationen
[5] zufällige Ereignisse
[6] von Menschen verursacht
[7] World Health Organization/ Weltgesundheitsorganisation
[8] posttraumatische Belastungsstörung

Wahrnehmungsfunktion stark einschränken (vgl.Ruppert, 2018, S. 65). Normalerweise bedient sich unser Gehirn bei extremen Stresssituationen mit einem der zwei vom amerikanischen Forscher Walter Cannon benannten Reflexen *Fight or Flight*. Also Menschen die sich durch bestimmte Ereignisse in ihrer Existenz bedroht fühlen, kämpfen reflexartig um ihr Leben oder versuchen vor der lebensbedrohlichen Situation zu fliehen. Bei einem traumatischen Erlebnis greifen diese Reflexe allerdings nicht mehr. Diese Reaktion beschreibt man auch mit einer *„Überflutung von aversiven Reizen"* (vgl.Huber, 2012, S. 40). Was folgt sind die Sogenannten, *Freez- und Fregmentreaktionen*. Der Mensch erstarrt (Freezreaktion). Der körpereigene Organismus ist nicht mehr in der Lage das traumatische Ereignis zu verarbeiten und entfernt sich innerlich vom Geschehen. Normale menschliche Reaktionen wie schreien, weinen und weglaufen bleiben erst einmal aus. Diese Art von Selbstschutz wird Betroffenen bewusst, wenn die bedrohliche Situation beendet ist und das Gehirn anfängt das Ereignis zu verarbeiten. Ist die menschliche Psyche aber erstmal erstarrt, ist eine Verarbeitung des Geschehens kaum noch möglich. Das Erlebte wird dann in Einzelheiten aufgespalten (Fregmentreaktion) und so verdrängt dass eine zusammenhängende Erinnerung nicht mehr möglich ist (vgl.Huber, 2012, S. 43). Die Traumatologie teilt dieses Vorgehen in vier Arten auf. Zum ersten ist hier die Wahrnehmungsblockade zu nennen. Betroffene Personen leiden an dem Verlust der Spürbarkeit und nehmen das Ereignis vernebelt war. Eine weitere Reaktion, sich dem Traumaerleben zu entziehen ist das Einfrieren der Gefühle. Infolge dessen führt das zu einer Emotionslosigkeit und Erstarrung der Persönlichkeit. Wenn die Psyche den eigenen Körper verlässt und die bedrohende Situation von außen nicht zu sich gehörend wahrgenommen wird spricht man von einem Wachbewusstsein. Die letzte Unterteilung seine Psyche vor Internalisierung einer belastenden Situation zu schützen ist das Aufspalten der Persönlichkeit. Dabei erträgt die eine Seite der Psyche das extreme Erlebnis und der andere Teil entzieht sich dem Ganzen und bleibt damit unberührt und heil (vgl.Ruppert, 2018, S. 72). Mit dem Einsetzten der hiergenannten Freez- und Fregmentreaktionen und deren weiteren Verlauf, findet das Erlebnis für Betroffene als Trauma statt. Welche unmittelbaren und/oder langfristige Folgen extrem belastende Ereignisse auf die menschliche Psyche haben wird im nächsten Punkt erläutert.

2.2 Folgen

Unmittelbar nach einem extrem stressreichen Erlebnis erfüllt eine Art der Betäubung den Körper, wobei automatisierte Mechanismen unberührt bleiben. Innerlich beginnt der Kampf das Traumaerleben zu vergessen und Situationen die eine erneute Traumatisierung hervorrufen können zu meiden. Auch wenn es dem Betroffenen gelingt, sich im Alltagsgeschehen von den belastenden Ereignissen zu distanzieren und nach außen hin einen normalen Alltag verlebt, bleiben die Erinnerungen in tiefliegenden Hirnregionen gespeichert und brodeln wie ein Vulkan, der jederzeit zum Ausbruch kommen kann. Dafür bedarf es nur kleinster *Trigger*[9], um das traumatische Erlebnis wieder ins Bewusstsein zu rufen und *Flashbacks*[10] auszulösen (vgl.Ruppert, 2018, S. 72f). Anders können traumatische Erlebnisse auch tiefgreifende und langfristige Veränderungen, wie eine Persönlichkeitsaufspaltung, zur Folge haben (vgl.Huber, 2012, S. 40ff.) (vgl.Herman, 1993, S. 53ff.). Van der Kolk (2000) ist der Meinung, „dass unter der Einwirkung traumatischer Ereignisse dissoziative[11] Mechanismen einsetzen und einen veränderten Bewusstseinszustand erzeugen, um die Alltagspersönlichkeit vor extrem hohen Erregungsniveaus zu schützen" (Reddemann & Wöller, 2017, S. 17). Die Fähigkeit zu dissoziieren beschreibt Hirsch (2011), als eines der Hauptabwehrmechanismen bei traumatischen Erfahrungen. Dissoziation kann sich in verschiedenen bewusstseinsverändernden Formen ausdrücken (vgl.Hirsch, 2011, S. 56f.). Die *Amnesie* ist eine Erscheinungsform unter der persönliche Informationen vergessen werden. Diese Gedächtnislücken gehen weit über die normale Vergesslichkeit hinaus. Selbst unter starker Anstrengung ist ein Erinnern nicht möglich. Eine andere Ausdrucksweise ist die *Derealisierung/Depersonalisierung*. Die Derealisierung bezieht sich dabei auf die Umwelt, die als „nicht dazugehörig" wahrgenommen wird. Wie zum Beispiel nach einem Erdbeben. Man sieht die Menschen panisch und schreiend umherlaufen hört sie aber nicht, obwohl das Gehör in seiner Funktion nicht eingeschränkt ist. Wohingegen bei der Depersonalisierung, traumatisierte Personen sich selbst oder Körperteile als fremd erleben. Wenn man zum Beispiel bei einem Verkehrsunfall, körperliche Verletzungen erleidet, kann es passieren das man diese Verletzungen aufgrund der dissoziativen Mechanismen

---

[9]   Auslösereiz der zurück in die Traumasituation führt

[10]   plötzliches intensives Wahrnehmen von zuvor erleben Ereignissen

[11]   Abspaltungen von Erinnerungen oder Persönlichkeitsanteilen

vorerst gar nicht wahr nimmt. Die menschliche Psyche schütz das „Ich" und nur noch die lebenserhaltenden Maßnahmen laufen unbewusst weiter. Als letztes Beispiel für eine dissoziative Störung sei noch die *Fugue* benannt. In dieser Phase, mit unterschiedlich ausgeprägter Zeitspanne, fliehen Betroffene ohne Ankündigung vor ihrem Alltag. Diese Flucht ist eine sehr intensive Form der Dissoziation und oft mit einer Amnesie, Derealisierung und/oder Depersonalisierung verbunden. In der Traumatologie betrachtet man die Fugue-Episode auch als eine verspätete Flight-Reaktion. Treten mindestens drei dissoziative Symptome nach einem traumatischen Erlebnis auf, spricht man von einer akuten Belastungsstörung (vgl.Huber, 2012, S. 54ff.). Dissoziative Störungen können aber auch chronische Formen annehmen. Die bekannteste Form ist dabei die PTBS. Bevor eine PTBS entsteht, können mehrere Tage, Wochen, Monate, sogar Jahre vergehen, in denen unter körperlicher und seelischer Verwirrtheit das traumatische Ereignis versucht wird in den Alltag zu integrieren. Folgende drei Symptome sind für eine PTBS charakteristisch. Als erstes Symptom wird die *Konstriktion,* welche durch eine paradoxe Bewusstseinsveränderung gekennzeichnet ist, erläutert. Die Traumatisierten ziehen sich zurück, meiden soziale Kontakte und Berührungen (vgl.Huber, 2012, S. 56). Erschwerend kommt hinzu, dass die traumatische Situation nicht im Bewusstsein integriert wird und die Heilung somit zunehmend erschwert wird. Es folgt eine verzerrte Wahrnehmung, ohne Gefühl und Bedeutung (vgl.Herman, 1993, S. 65ff.). Das zweite Symptom ist die *Intrusion* in der Alb- oder Tagträume einzelne Sequenzen der traumatischen Situation in Form von Bildern, Geräuschen oder Gerüchen immer wieder durchlebt werden (vgl.Huber, 2012, S. 69). Traumatische Bilder und Träume werden nicht verfälscht. Diesbezüglich sind sie für die Betroffenen auch so real, als durchleben sie das traumatische Erlebnis wieder und wieder (vgl.Herman, 1993, S. 58f.). Das letzte Symptom wird als *Überregung* bezeichnet. Typische Anzeichen sind zittern, plötzliches schluchzen, Unkonzentriertheit oder übermäßige Gereiztheit (vgl.Huber, 2012, S. 69). Der Körper befindet sich in ständiger Alarmbereitschaft. Betroffene sind nicht in der Lage diese Gefühlsregungen auszuschalten (vgl.Herman, 1993, S. 56f.). Treten alle drei Symptome langfristig auf und neigen zur Verstärkung liegt eine PTBS vor. Doch nicht alle Betroffenen von schweren Schicksalsschlägen entwickeln eine PTBS. Grund dafür sind die individuell ausgeprägten Coping Strategien[12], welche in jungen Jahren noch nicht vollständig internalisiert sind und im Alter immer mehr abnehmen. So besteht bei Kindern und Jugendlichen sowie älteren Menschen ein höheres Risiko, als bei jungen sowie erwachsenen Personen. Ebenso spielen vorhandene Risiko[13]- bzw. Schutzfaktoren[14] vor, während und nach dem traumatischen Erlebnis eine wesentliche Rolle (vgl.Huber, 2012, S. 69ff.)

2.3 Kriegstraumata

Der Krieg ist eine willentlich und von Menschenhand ausgeübte Gewalttat, ein Man-made-disaster. „Es gibt nach einem Krieg, seelisch betrachtet, keine wirklichen Sieger, sondern nur Verlierer." (Ruppert, 2018, S. 65). Traumatische Erfahrungen erleiden Opfer und Täter, jedoch in differenzierten Ausprägungen. Wie einleitend beschrieben zielt diese Arbeit auf die Generation der deutschen Kriegskinder ab, welche in den Jahren 1927-1945 geboren sind. Daher werden die im nächsten Abschnitt beschriebenen Belastungen und Folgen von Kriegsereignissen auf diese Kohorte beschränkt. Weiterführend werden die möglichen Auswirkungen auf die Lebensentwicklung bis ins hohe Alter verdeutlicht. Dazu verhilft eine Einteilung der Altersgruppen zum besseren Verständnis traumatischer Erfahrungen (vgl.Finze, 2012, S. 38).

2.3.1 Belastungen in der Kindheit und Jugend

Die hier aufgeführten Zahlen und Fakten beruhen auf Schätzungen, die Hartmut Radebold, auf der Grundlage von Dörr (1998) und v. Plato, Leh (1997) verfassten Daten, wie folgt beschreibt. Die schwerwiegenden Ereignisse im zweiten Weltkrieg, betrafen weitgehend Frauen, Jugendliche und Kinder. Über 11 Mio. wurden Opfer von Flucht und Vertreibung, darunter ca. 5 Mio. aus dem Ausland[15]. Mehr als 5 Mio. Familien wurden durch Fronteinsätze der Männer oder KLV[16] getrennt. Fast 1 Mio. Menschen kamen bei Bombenangriffen, auf Groß- und Kleinstädte,

---

[12] Bewältigungsfähigkeit

[13] erhöhen die Wahrscheinlichkeit an einer PTBS zu erkranken durch fehlende Unterstützung, weibliches Geschlecht etc.

[14] verringern die Wahrscheinlichkeit einer PTBS durch die eigene emotionale Reife, gutes soziales Umfeld etc.

[15] Polen, Ungarn, Rumänien etc.

[16] Kinderlandverschickung

ums Leben. Die Zahl der vergewaltigten Frauen und Mädchen beläuft sich auf ca. 1,4 Mio. Opfer. Nach dem Krieg waren Schätzungsweise 0,1 Mio. Kinder Vollwaisen und etwa 2,5 Mio. Halbwaisen. Darunter wuchs ein Viertel ohne Vater auf. Bezugnehmend auf diese Angaben nimmt Radebold eine Einteilung in drei zentrale Bereiche der kriegstraumatischen Belastungen vor (vgl.Radebold H. , 2015, S. 23ff.). Der erste befasst sich mit Trennung und Verlust von Bezugspersonen. Hierzu zählen die Abwesenheit der Väter durch Gefangenschaft oder Einsätze an der Front weiterhin der Tod der Eltern, Geschwister oder anderen nahen Angehörigen, sowie KLV und Pflichtjahre. Gewalterfahrungen durch Bombenangriffe, Tötungen, Verwundungen oder Vergewaltigungen gehören zu der zweiten Klassifikation von Radebold. Zum letzten Punkt, dem Verlust von Sicherheit und Heimat, werden die belastenden Ereignisse wie Evakuierungen, Flucht und Vertreibungen gezählt (vgl.Radebold H. , 2009, S. 16). Zunächst werden die kriegstraumatischen Belastungen der oben benannten Kohorte, im Kontext ihrer Altersstufen benannt. Die erste Entwicklungsstufe, auch als *Frühe Kindheit* bezeichnet, schließt die Altersgruppen 0 - 5 Jahre ein. Sie werden in den Krieg geboren und wachsen weitestgehend in der Nachkriegszeit auf. Die Kriegsereignisse sind für sie anfangs Normalität. In der Nachkriegszeit werden sie zu Betroffenen von Flucht und Vertreibungen und der damit zusammenhängenden Heimatlosigkeit sowie Hungersnot. Ihre Väter kehrten zum Teil, nach langer Zeit, von Einsätzen an der Front sowie aus der Gefangenschaft zurück, oder zählten zu den Kriegsopfern die den Einsatz an der Front nicht überlebten. Kinder im Alter von 6 - 11 Jahren befinden sich in der *Späten Kindheitsphase.* Ihre Kindheit ist ebenfalls von Erfahrungen mit Bombenangriffen, zerstörte Heimat, Evakuierungen, Flucht und Vertreibung und Vaterlosigkeit verbunden. Einige wenige werden durch KLV von der Familie getrennt. Ihre Jugend verbringen sie in der Nachkriegszeit und werden mit nicht altersgerechten Rollenaufgaben konfrontiert. Charakteristisch für die *Adoleszenzphase,* welche den Lebensabschnitt 12 - 17 Jahre umfasst, sind außerdem die Erfahrungen der national sozialistischen Schulbildung, KLV im Klassenverband sowie, in den letzten Jahren ihrer Jugend, der Einsatz von Jungen an der Front oder als Flakhelfer[17]. Bezugnehmend auf diese Aussagen ist zu erwähnen, dass keinesfalls alle Kinder und Jugendliche diesen Kriegserfahrungen ausgesetzt waren. Vor allem in den ländlichen Gegenden zeigte sich der Krieg in Form von fernen Bom-

---

[17] Als Flak bezeichnet man eine Bodenabwehrwaffe aus dem ersten Weltkrieg. Flakhelfer waren für das Ausrichten, Laden und Munitionsbeschaffung verantwortlich.

benalarm, Flugverbänden oder Kriegserzählungen von aufgenommenen Flüchtlingen. So waren 35 % bis 40 % der Kinder und Jugendlichen kaum betroffen, 25 % bis 30 % zum Teil betroffen und 25 % bis 30 % zählten zu der stark betroffenen Generation (vgl.Radebold H. , 2015, S. 32ff.). Welche Folgen die kriegstraumatischen Erfahrungen im Bezug auf die differenzierten Altersgruppen hatten, lässt sich aufgrund fehlender familiärer Auseinandersetzung und vereinzelten Forschungen zu dieser Thematik, nur schwer beschreiben (vgl.Finze, 2012, S. 29). Daher werden im nächsten Abschnitt die Folgen über die gesamte Lebensentwicklung, aus heutiger Sicht beschrieben.

2.3.2 Folgen kriegstraumatischer Ereignisse

Das Kriegsende erlebte die beschriebene Kohorte als Kinder und Jugendliche. Wie eingehend im Punkt 1.2 beschrieben, zeigten sich bei Ihnen dissoziative Störungen auf. So wurden Erlebnisse zum Teil abgespalten und aus dem Bewusstsein verdrängt. Erschwerend kam hinzu, dass auf Grund der damaligen Lebensbedingungen (soziale Not, Wiederaufbau etc.) es keinen Raum gab, geschweige denn wissenschaftliche Forschungen, um sich aktiv mit den traumatischen Erfahrungen auseinander zu setzten. Ebenso nahmen Betroffene ihre Erlebnisse nicht als persönliches Schicksal wahr, sondern als eine kollektive Erfahrung. Die kollektiv wahrgenommenen Schicksale hatten wiederum Auswirkung auf die Generationsentwicklung. Es entstanden Generationskonflikte und Identifizierungsprobleme bei den Kindern und Jugendlichen, sowie eine besondere Bindung zwischen den Generationen. So übertrugen Eltern, die sich nicht mit ihrem Schicksal auseinandersetzten ihre Ängste und Sorgen oder sogar Schuld- und Schamgefühle auf die Kinder. Diese führte bei ihnen zur Übernahme der elterlichen Verhaltensweisen auf die eigene Persönlichkeit. Trotz wiederkehrender Abwehrverhalten der Kinder und Jugendlichen, aufgrund der differenzierten Erwahrungen und Wahrnehmung des Kriegsgeschehens gegenüber den Eltern, wurden ihre Erlebnisse nicht beachtet (vgl.Radebold H. , 2009, S. 51f.). Aus Erzählungen von Betroffenen, sowie späteren Beobachtungen von Kriegskindern, lassen sich zunächst einmal Gefühle wie Angst, Hilflosigkeit, Heimweh, Resignation, Apathie[18] und innere Erstarrung mit Kriegsereignissen in Verbindung bringen. Aus soziologischer Sicht wissen wir heute, dass Kinder und Jugendliche abhängig von ihrem Alter verschiedene Ent-

---

[18] Gefühlslosigkeit, Teilnahmelosigkeit

wicklungsphasen durchlaufen. Dementsprechend kann man sagen „je jünger das Kind, desto weniger verfügt es über eine seelische Abwehr (…) (Radebold H. , 2009, S. 55)". In der frühen Kindheitsphase reagierten 4-5jährige mit Affektblockaden und kognitiven Einschränkungen. Panisches Weinen und daraus resultierende Erschöpfung zeigte sich bei den Säuglingen. Betroffene hatten in der späten Kindheitsphase Probleme beim Lernen, wiesen Konzentrationsschwächen auf und hatten Schwierigkeiten bei der sozialen Kontaktaufnahme. In der Adoleszenzphase zeigten sich traumatische Erfahrungen in aggressiven Ausbrüchen, Suizidversuchen und delinquenten[19] Verhaltensweisen. Die national sozialistische Erziehung bekräftigte dieses Verhalten mit ihren Vorstellungen, dass Jungen stark und tapfer und Mädchen die helfende Hand in der Familie und im Haushalt sein müssen. Das führte zu frühen Parentifizierungen[20] und einer geraubten Kindheit. Anna Freud war eine Psychoanalytikerin die erstmals Beobachtungen an Kindern und Jugendlichen in den Kriegsjahren 1940-1942 durchführte. Ihr Hauptaugenmerk lag auf die emotionalen Reaktionen von Kriegsereignissen. So wiesen Betroffene von Bombenangriffen kaum Verhaltensauffälligkeiten auf. Ein aggressives und ängstliches Verhalten ließ sich bei familiär getrenntlebenden Kindern und Jugendlichen erkennen. Aber die wohl bedeutendste Empirie an rund 12500 betroffenen Kindern, wurde in den Jahren 1946-1950 auf Langeoog durchgeführt. Grundlage hierfür war eine fast 5 Wochen anhaltende Erholungskur von 5 bis 16-Jährigen. In erste Linie zeigten sie eine schlechte körperliche Verfassung wie Untergewicht, zudem waren sie in ihrem körperlichen Wachstum deutlich zurückgeblieben und neigten zu Haltungsschäden aufgrund gering ausgebildeter Muskulatur. Weitere Anzeichen von Mangelernährung waren ein schwach ausgeprägtes Immunsystem, Anfälligkeiten auf infektiöse Krankheiten wie Tuberkulose, ein blasses Hautbild und schnelle körperliche Erschöpfung bei Belastungen. Verhaltensauffälligkeiten äußerten sich in motorischer Unruhe, Schlafstörungen, Konzentrationsschwächen und Sprachstörungen. Ihre Lebenseinstellung war eher trauriger Natur. Sie sorgten und ängstigten sich vor der Zukunft. Zudem zeigten sie ein starkes Bindungsverhältnis zur Familie. Erst 1949 ließen sich rückläufige physische und psychische Anzeichen beobachten. Es kam allmählig zu einer Angleichung der kindlichen Entwicklung von betroffenen an nicht betroffenen Kriegskindern. Die damaligen Kinder und Jugendlichen mit Kriegserfahrungen

---

[19] Delinquent – Grenzen überschreitende Verhaltensweise
[20] Rollenumkehr zwischen Eltern und Kindern

hatten für sich einen Weg gefunden mit den belastenden Ereignissen umzugehen. So verlor man Mitte der 50er des 20 Jhd. das Interesse an dieser Kohorte. Das Forschungsinteresse flammt erst sehr spät wieder auf und befasste sich zunächst nur mit den physischen und psychischen Folgen von Shoah-Opfern[21]. Erst seit wenigen Jahren richtet man den Blick auch auf deutsche Betroffene. Die Erkenntnisse kriegstraumatischer Spätfolgen lassen sich aus Psychotherapien, Beobachtungen in Familien, aus Sekundäranalysen und speziell durchgeführten Querschnittsbefragungen gewinnen (vgl.Radebold H. , 2015, S. 45ff.). Die Langzeitfolgen bei heute über 60-Jährigen werden in Punkt 3.1 erläutert. Wie die heutige Gesellschaft und die Betroffenen selbst mit diesen Erkenntnissen umgehen, wird im folgenden Abschnitt dargestellt.

2.4 Kriegstrauma und Gesellschaft

Das kollektive Schweigen wird gebrochen. Fast 70 Jahre mussten vergehen bis Forscher wie Opfer sich öffentlich zu Wort meldeten und über Folgen von Kriegserlebnissen berichteten. Heute kann man nicht mehr bestreiten, dass Kinder und Jugendliche, die im zweiten Weltkrieg geboren und aufgewachsen sind, langfristige und schwere psychische Probleme aufweisen. Schuldgefühle, Scham und Angst vor der Auseinandersetzung mit den Shoah-Opfern, tragen zu einer Verschleppung bei, die eigenen traumatischen Erfahrungen zu verarbeiten. Die 2002 gegründet

Forschungsgruppe *Weltkrieg2Kindheiten* scheint das Thema Kriegstrauma voranzutreiben. So wurden beginnend mit dem 21 Jhd. verschiedene Studien zu Opfern von Flucht und Vertreibung[22], ehemaligen Kindersoldaten[23], Opfern von sexuellen Gewalttaten[24] und Betroffenen von Bombenangriffen[25] in den Kohorten kriegstraumatisierter Menschen vorgenommen. Aus der SHIP-Studie[26] geht hervor, dass 76,5 % der Überlebenden mindestens ein traumatisches Ereignis durchlebten. Studien aus Ländern (z.B. Schweiz), die nicht unmittelbar an den Kriegsgescheh-

---

[21] Bezeichnung für Opfer des Völkermords im ersten und zweiten Weltkrieg

[22] Beutel, Decker und Brähler (2007), Fischer, Struwe und Lemke (2006), Kunert, Brähler, Glaesmer, Freyberger und Decker (2009) und Teegen und Meister (2000)

[23] Kunert, Spitzer, Rosenthal und Freyberger (2008)

[24] Kuwert und Freyberger (2007)

[25] Heuft, Schneider, Klaiber und Brähler (2007)

[26] Spitzer et al. (2008)

nissen beteiligt waren weisen nur eine Prävalenz von 36,6 % auf. Was verdeutlicht, dass die deutsche Kriegsgeneration einschlägig mehr belastet ist. Bezugnehmend auf die mögliche Entwicklung einer PTBS kamen Glaesmer, Kaiser, Brähler und Kuwert zum Resümee, das 3-4 % der Betroffenen typische Symptome einer PTBS zeigen. Widersprüchliche Angaben gibt es jedoch in der Diagnostik. Zu begründen ist es zum einen, dass die PTBS erst 1980 diagnostisch beschrieben ist und zum anderen, dass sich die Kriegsgeneration nicht als traumatisiert betrachtet (vgl.Glaesmer & Brähler, 2011, S. 346ff.). Die Nachkriegszeit war dahingehend bestimmt zu funktionieren. Das Kinder und Jugendliche traumatische Erfahrungen gemacht hätten, zog man nicht in Erwägung oder man ging von einem schnellen Vergessen aus. Resultierend aus dem jahrelangen Schweigebedürfnis der Betroffenen wissen wir heute nur sehr wenig über das Zeitgeschehen. Aber wen können oder wollen sich Zeitzeugen überhaupt anvertrauen? Aus Angst ihre eigenen Kinder könnten sie verurteilen oder sie durch Erzählungen zu tiefst erschüttern, bleiben Kriegserfahrungen im Verborgenen. Angehörige wiederum trauen sich nicht gezielt Nachzufragen. Sie befürchten Verstrickungen ihrer Eltern in Gewalt- und Straftaten oder möchten diese nicht als stille Zuschauer wissen (vgl.Grünberg, 2002, S. 34f). Viele Zeitzeugen erleben sich als gut funktionierend und sind sich einer psychischen Beeinträchtigung gar nicht bewusst. Sie beziehen ihre Defizite nicht auf Kriegserfahrungen. So bleiben mögliche Zusammenhänge bei diagnostischen Verfahren weiterhin verborgen. Insofern bedarf es in der deutschen Gesellschaft und Forschung noch an Aufarbeitung mit den Zeitzeugen des zweiten Weltkriegs, in Bezug auf die damaligen Erfahrungen und dessen jahrelangen Folgen (vgl.Radebold H. , 2009, S. 142).

3 Biografiearbeit im Alter

Biografiearbeit im Alter befasst sich mit Menschen in ihrer letzten Lebensphase und deren Lebensgeschichte. Dementsprechend zeigen sich häufig physische und psychische Defizite, die eine professionelle Unterstützung unumgänglich machen. In der Verbindung dieser zwei Lebenswelten übernimmt die Biografiearbeit eine wichtige Funktion (vgl.Miethe, 2014, S. 113). In dem folgenden Kapitel soll Biografiearbeit im Kontext Alter mit ihrer Methodenvielfalt, Rahmenbedingungen, Zielen und Grenzen erläutert werden. Zunächst wird den Begriffen Alter und Biografiearbeit eine Bedeutung zugeordnet.

3.1 Begriffsklärung

Die Lebensphase Alter ist heutzutage vornehmend gesellschaftlich bestimmt. Gerade die Medien und politischen Gesetzmäßigkeiten (Rentenbeginn), definieren wer zur Lebensphase Alter zählt, unabhängig davon ob die Betroffenen sich als Alt erleben oder nicht. Durch die zunehmende Industrialisierung hat sich in den letzten Jahrzehnten ein Wandel in der Altersstruktur vollzogen. So gibt es immer mehr ältere Menschen die zunehmend ein höheres Alter erreichen. Demzufolge verbringen alte Menschen im Durchschnitt 20-26 Jahre in der Lebensphase Alter. Es ist davon auszugehen das in den nächsten Jahren die durchschnittliche Jahreszahl ansteigt. Grundlegend zu den Sichtweisen von Alter hat die WHO eine Altersgliederung entwickelt die sich gesellschaftlich weitgehend durchgesetzt hat (Abbildung1). Erik Erikson versucht in der Darstellung des Lebensbogens (Abbildung2) das Alter unabhängig von Jahresangaben, die Lebensstadion im Zusammenhang mit ihren Aufgaben, Chancen und Herausforderungen darzustellen. Er umschreibt die Zeit des Alters als „spätes Erwachsenenalter" und „hohes Greisenalter". Das späte Erwachsenen Alter ist geprägt von veränderten Beziehungsverhältnissen und Aufgaben. Die traditionelle Kernfamilie bestehend aus Mutter, Vater, Kind/dern löst sich auf und der Austritt aus dem Berufsleben steht unmittelbar bevor. Das eigene körperliche und seelische Erleben wird von dem Bewusst werden des kommenden Lebensende beherrscht. In diesem Zusammenhang wird die eigene Lebensgeschichte reflektiert und in die bestehende Lebensphase versucht zu integrieren. Daraus kann eine tiefe Zufriedenheit und Dankbarkeit über das bisherige Leben entstehen aber auch Verzweiflung. Die letzte Lebensphase, das hohe Greisenalter, ist durch körperliche und psychische Abbauprozesse gekennzeichnet. Das soziale Umfeld nimmt ab oder verändert sich mit der Inanspruchnahme pflegerischer Unterstützung. Mit dem Bewusst werden der zunehmenden Hilfebedürftigkeit, wächst der soziale Rückzug und das Leben in Erinnerungen. Hier kann die Biografiearbeit ein wichtiger Ansatz sein, um ein würdevolles Altern zu ermöglichen (vgl.Specht-Tomann, 2018, S. 48ff.) Eine einheitliche Beschreibung für das Wort Biografiearbeit gibt es nicht. Vielmehr existieren Schilderungen wie und wo Biografiearbeit stattfinden kann. Ingrid Miethe hat versucht aus diesen Darstellungen eine Definition abzuleiten (vgl.Berendonk, 2015, S. 35). „Ausgehend von einem ganzheitlichen Menschenbild ist Biografiearbeit eine strukturierte Form der Selbstreflexion in einem professionellen Setting, in dem an und mit der Biografie gearbeitet wird. Die angeleitete Reflektion der Vergangenheit dient dazu, Gegenwart zu verstehen und Zukunft zu gestallten. Durch eine Einbettung der individuellen Lebensgeschichte in den gesellschaftlichen und historischen Zusammenhang sollen neue Perspektiven eröffnet und Handlungspotenziale erweitert werden." (Miethe, 2014, S. 24)

3.2 Methoden des biografischen Arbeitens

Die Methodenvielfalt der Biografiearbeit ist enorm, ebenso wie Ihre Einsatzbereiche. Daher werden die gängigsten Formen der Biografiearbeit im Alter vorgestellt. Bei der *narrativen Methode* handelt es sich um eine non-direkte Gesprächsführung. In einer offenen Erzählweise wird die Lebensgeschichte dem Zuhörer nähergebracht, der wiederum mit unterstützenden Nachfragen, weiterführende Erinnerungsprozesse freisetzt. *Kreative Methoden* kommen meist zum Tragen, wenn es darum geht sprachliche Barrieren zu verringern. Hierzu zählen vor allem in der Altenarbeit das Singen und die Musik. Diese Methoden eignen sich auch für Menschen die sich verbal nicht mehr ausdrücken können oder wollen. Eine weitere Form für non verbale Biografiearbeit sind die *Körper- und Sinnesmethoden.* Hier wird mittels Tanzes, Berührungen und Geruch auf die Sinnesbiografie[27] gezielt eingegangen und so Lebensgeschichtliche Erinnerungen bewusst gemacht. Sinnvoll in der Biografiearbeit mit alten Menschen ist der *Einbezug von Medien,* wie Erinnerungskoffer, Fotoalben oder Filmen. Beim Betrachten soll somit der Erinnerungsprozess gefördert werden. Eine letzte Methode die gerne eingesetzt wird, sind die *Würfel- und Kartenspiele.* Die spielerische Darstellung dient zum einen, Erinnerungen an die Kindheit zu reaktivieren und zum anderen durch die explizit

---

[27] nonverbale Biografiearbeit, bezieht sich auf Berührungs- Geschmacks- Geruchs- und Bewegungsreize

gefertigte Fragekarten einem biografischen Austausch. Hier ist das Spiel Vertelekes vorzuheben. Die Wahl der Methode ist immer Personenabhängig. Der/Die Leiter*in soll mit seinem/ihrem Wissen und seiner/ihrer persönlichen Haltung hinter der Methode stehen, um diese dem Teilnehmenden wirkungsvoll und echt rüber zu bringen. Genauso wichtig ist dabei der Blick, ob die gewählte Form der Biografiearbeit für die Teilnehmer geeignet ist. Beachten sollte man, dass bei der Arbeit an der Biografie, oft Prozesse im Gang gesetzt werden können, die negative Erinnerungen hervorrufen. Dieser Aspekt soll der/die Leiter*in bei der Wahl seiner/ihrer Methode berücksichtigen und evtl. eine Form wählen oder modifizieren die nicht zu sehr in die Tiefe geht (vgl.Miethe, 2014, S. 41ff.). In Punkt 3.4.1 und 3.4.2 werden zwei Methoden der Biografiearbeit für die Nutzung in Pflegeeinrichtungen vorgestellt. Im nächsten Abschnitt werden jedoch erst einmal die notwendigen Rahmenbedingungen für die Biografiearbeit benannt.

3.3 Rahmenbedingungen

Eine gute Biografiearbeit ist immer von mehreren Faktoren abhängig. Es gibt äußere wie auch innere Bedingungen die den Rahmen für die biografische Arbeit bilden. Schon die Wahl der Räumlichkeit ist ein wichtiger Aspekt für das Wohlbefinden der Teilnehmer. Hilfreich ist daher eine störfreie, helle, gut belüftete und gemütliche Raumatmosphäre. Zudem sollte die Räumlichkeit für die Teilnehmer gut auffindbar sein. Das Bereitstellen von Getränken und kleinen Snacks sorgt für eine wohlige Atmosphäre und steigert das Wohlbefinden der Teilnehmer. Die Anzahl der Teilnehmer ist bei Einzelinterventionen klar definiert. Bei Gruppensettings sollte jedoch eine Gruppenanzahl von 3 bis max. 12 Bewohnern der Maßstab sein. Bei Gruppenangeboten sollte eine Sitzordnung vorherrschen die den Teilnehmern den Blickkontakt untereinander und mit dem/der Gruppenleiter*in ermöglicht. Ebenso sollte darauf geachtet werden das Teilnehmer die sich unsympathisch sind nicht direkt neben einander sitzen. Das Personal soll sich im Vorfeld bewusst sein, dass Biografiearbeit Zeit und Geduld voraussetzt. Bei einem flüchtigen Gespräch ist es wohl kaum möglich Biografiearbeit zu leisten. Nimmt man sich Zeit und zeigt Geduld fällt es dem Bewohner leichter Vertrauen zu fassen. Er fühlt sich ernst genommen und erhält das Gefühl, hier möchte jemand wirklich etwas über mich wissen. Dieses Gefühl sollte über die Dauer des Gespräches bestehen bleiben. Das setzt voraus, dass das Personal sich ganz dem Gespräch zuwenden kann (vgl.Specht-Tomann, 2018, S. 22). Innere Zwänge auf beiden Seiten, bewirken immer eine Abwehrhaltung und ein Distanzverhalten zwischen den Gesprächspartnern (vgl.Miethe, 2014, S. 37). Das spiegelt sich auch in der Körperhaltung und im Blickkontakt wider. Gerade alte Menschen haben, aufgrund ihrer langen Lebenserfahrung, ein feines Gespür gegenüber Annahme und Ablehnung. Ist ein gutes Vertrauensverhältnis geschaffen, fällt es dem Bewohner leichter sich zu öffnen und frei zu erzählen. Dabei werden nicht immer nur schöne Lebenserinnerungen aktiviert, auch heikle und belastende Lebenserfahrungen können zum Tragen kommen und erfordern ein entsprechendes Nähe- und Distanzverhalten. Nähe für Mitgefühl und tröstende Worte, Distanz um die belastenden Erzählungen nicht zu eigen zu machen. Ein letzter wichtiger Aspekt für biografische Gespräche ist das Bewusstsein der Verschwiegenheit auf Seiten des Personals. So sollten wichtige Informationen, die unterstützend im Pflegealltag sein können, im Team besprochen werden. Sehr persönliche Fakten jedoch zwischen den Gesprächspartnern verharren (vgl.Specht-Tomann, 2018, S. 22f.).

3.4 Ziele des biografischen Arbeitens

Die Lebensphase Alter in Pflegeheimen ist geprägt von Verlusten. So nehmen für Hochbetagte, die in Pflegeheime ziehen, nicht nur die persönlichen und sozialen Kontakte ab. Dieser Übergang ist auch geprägt von körperlichem und geistigem Abbau. Daher bildet die Biografiearbeit in diesem Übergangstadium eine wichtige Rolle (vgl.Miethe, 2014, S. 113). In erster Linie soll dadurch die Identität des Klienten gewahrt werden. So soll mittels einer individuellen Pflege und Betreuung, die Lebensqualität so lange wie möglich erhalten oder verbessert werden. Dies kann gelingen in dem die persönlichen Interessen und Vorlieben, der pflegebedürftigen Personen, in den Pflege- und Betreuungsalltag einfließen. Aber auch positiv besetzte Erinnerungen können eine hilfreiche Unterstützung in der Arbeit mit Alten sein. Hierfür reicht es allerdings nicht, die Lebensgeschichte des Pflegebedürftigen zu kennen. Es ist wichtig sich mit der Biografie auch auseinander zu setzen, um zu erfahren welche positiven Erinnerungen für den Klienten noch bestehen. Biografisches Wissen über pflegebedürftige Personen, kann immer wieder als Türöffner bei wechselnden Gemütslagen sein, denn dadurch kann ungewohntes Verhalten besser interpretiert und eingeordnet werden. Der Pflegebedürftige fühlt sich verstanden und gut aufgehoben. Diese Haltung hat somit auch positive Auswirkungen auf das Beziehungsgefüge. So sieht man sich im Pflegealltag weniger als Pfleger und Pflegebedürftiger in die Augen, sondern von Mensch zu Mensch. Das dadurch gewinnbringende Vertrauensverhältnis kann Klienten einer Pflegeeinrichtung helfen, sich in der ungewohnten Situation und Umgebung zu orientieren. Durch das gemeinsame erfahren der biografischen Ereignisse, gelingt es ihnen, sich mit der eigenen Lebensgeschichte aktiv auseinander zu setzten und ggf. Schicksalsschläge zu verarbeiten und in diesem Zusammenhang neue Zukunftsperspektiven für sich zu entwickeln. Aus diesem Aspekt heraus ergibt sich schon, dass biografische Arbeit keine Momenthandlung ist, sondern ein fortlaufender Prozess, bei dem die Daten immer wieder ergänzt und evaluiert werden müssen. Ebenso wichtig ist die Kommunikation zwischen allen Beteiligten. Dies bezieht auch die Angehörigen mit ein (vgl.Berendonk, 2015, S. 43ff.).

3.5 Gefahren und Grenzen der Biografiearbeit

Pflegebedürftige Menschen in stationären Einrichtungen sind in ihrer Privatsphäre sehr eingeschränkt. Gerade in der Phase der Heimaufnahme besteht die Gefahr das alte Menschen, dass erfragen von biografischen Daten als Übergriff in ihr Privatleben wahrnehmen. So fehlt es doch gerade in der Zeit der Eingewöhnung an Vertrauen zum Personal und mangelnder Orientierung in der neuen Umgebung. Sie fühlen sich dann häufig überfordert. Eine Überforderung kann aber auch auf Seiten des Personals entstehen, denn Biografiearbeit benötigt Zeit. Zeit die dem Pflegepersonal oft fehlt. So können sie beim Erarbeiten der biografischen Informationen schnell unter Druck geraten, wenn sie merken, die Zeit reicht nicht aus. Diese Situation kann eine negative Auswirkung auf das Beziehungsgefüge zwischen Personal und zu pflegenden Personen ausüben. So haben Mitarbeiter ein schlechtes Gewissen dem pflegebedürftigen gegenüber nicht genügen Aufmerksamkeit für seine Lebensgeschichte aufzubringen und Hochbetagte fühlen sich nicht ernst genommen und uninteressant. Andererseits kann ein zu viel an biografischen Informationen auch zu unerwünschten Ergebnissen führen. Zum einem ist es möglich das Mitarbeiter einer Pflegeinrichtung die gesammelten Informationen gar nicht verarbeiten können, zum anderen können sie mit Fakten konfrontiert werden, wie zum Bsp. das aktive Mitwirken an Kriegsverbrechen, die ihnen die Arbeit mit den Pflegebedürftigen erschweren. Um Stigmatisierungen vorzubeugen ist es daher sehr wichtig, dass Personen die Biografiearbeit mit alten Menschen durchführen ausreichend geschult sind. Jedoch jeder noch so gut geschulte Mitarbeiter stößt an die Grenzen, wenn Pflegebedürftige, ihrer Sprache oder kognitiven Fähigkeiten nicht mehr mächtig sind. Hier treten oft die Angehörigen in den Vordergrund, um biografische Daten zu liefern. Petzold nennt dies auch die vikarielle[28] Biografiearbeit (vgl.Miethe, 2014, S. 114f.). Ist die Lebensgeschichte soweit erfasst das sie in den Pflegealltag mit einfließen kann, benötigt sie eine ständige Reflektion. Ist die Lebensgeschichte soweit erfasst das sie in den Pflegealltag mit einfließen kann, bedarf sie einer ständigen Reflektion. In Anbetracht kognitiver Abbauprozesse können biografische Informationen für Pflegebedürftige an Relevanz verlieren. Mitarbeiter laufen daher Gefahr die bedeutungslosen Informationen als biografische Aktivierung zu nutzen. In solchen Fällen reagieren zu Pflegende oft irritiert und sind überfordert. Schlimmstenfalls kommt es im Pflegealltag zu Situationen in denen alte Menschen mit lebensgeschichtlichen Ereignissen in Berührung kommen, die sie längst vergessen haben oder lange vergessen wollten. Mögliche Folgen können daher sozialer Rückzug oder sogar Retraumatisierungen sein (vgl.Berendonk, 2015, S. 71f.).

---

[28] stellvertretend

4 Kriegserfahrungen im Kontext Pflege

Pflegebedürftigkeit und damit die Inanspruchnahme professioneller Pflege, beginnt heutzutage im späten Erwachsenenalter. Bezugnehmend auf die Kohorte der Kriegskinder und Jugendliche betrifft das 3,36 Mio. Männer und Frauen[29] (vgl.Radebold H. , 2015, S. 184). Darunter werden mehr als 0,68 Mio. Menschen in vollstationären Pflegeeinrichtungen betreut (vgl.www-genesis.destatis.de, 2019). Die Vielzahl der dort anzutreffenden psychischen Störungen lässt vermuten, dass im Kontext der Geschehnisse im zweiten Weltkrieg, sich ältere Menschen jetzt mit ihrer Vergangenheit auseinandersetzten (vgl.Radebold H. , 2015, S. 185). Welche Anzeichen sich im Pflegealltag ergeben und welche Probleme für Pflegende und zu Pflegende daraus ergeben, wird in den nächsten Abschnitten vorgestellt.

4.1 Trauma im Alter

Bei der Diagnostik psychischer Krankheiten im Alter spielt die Ätiologie häufig keine Rolle. Wie in Punkt 1.3.2 und 1.3.3 erwähnt, befasst man sich erst seit kurzer Zeit mit den Spätfolgen von Kriegserlebnissen der deutschen Opfer/Täter. Dennoch ist Radebold der Ansicht, dass diese immer noch ungenügenden Untersuchungen signifikante Ergebnisse im Kontext Kriegserfahrungen und psychischen Störungen im Alter aufweisen (vgl.Radebold H. , 2015, S. 71). So zeigen die damals noch Kinder und Jugendlichen, heute Ich-Syntone Verhaltensweisen, wie nichts wegwerfen können und den daraus resultierenden Anhäufungen von Gegenständen und Lebensmitteln. Sie sparen in allen Lebenslagen (Heizung, Kleidung, etc.), müssen alles sorgfältig Planen und organisieren und haben ein erhöhtes Sicherheitsbestreben. Weiter Kämpfen sie im Alter um ihre eigene Unabhängigkeit und darum ihre Autonomie zu erhalten. Es wird wenig Rücksicht auf die eigene Persönlichkeit und körperliche Beschwerden genommen. Sie sind stehts zum Aufbruch bereit und leben in ständiger Angst, für sie wichtige Menschen zu verlieren. Gegenüber neuen Situationen und Personen sind sie eher misstrauisch und skeptisch. Diese Verhaltensweisen könnte man als damalige Bewältigungs- und Abwehrmechanismen betrachten. Sie verhalfen den Betroffenen, in der Kriegs- und unmittelbaren Nachkriegszeit zurecht zu kommen. Richtet man den Blick auf die möglichen psychischen Folgen, ist Radebold der Auffassung, dass man eine PTBS nicht ausschließen darf (vgl.Radebold H. , 2015, S. 74). Wenn es

---

[29] Statistisches Jahrbuch der Bundesrepublik Deutschland 2004

auch schwer vorstellbar ist das eine PTBS Jahrzehnte bestehen kann zeigen die Betroffenen heute deutliche Symptome wie die Unfähigkeit sich an belastende Ereignisse aus Kriegszeiten zu erinnern, wiederkehrende Träume von Kriegserlebnissen, Ein- und Durchschlafprobleme und hohe Schreckhaftigkeit. Werden Betroffene mit ähnlichen Ereignissen aus den Medien konfrontiert ist eine Verstärkung der Symptome zu beobachten. Aus der Querschnittstudie von 2003[30] lassen sich zudem bei Betroffenen eine erhöhte Disposition von depressiven Symptomatiken erkennen. So empfinden sie sich oft abhängig gegenüber Bezugspersonen oder fühlen sich hilflos, wenn es um den Verlust nahestehender Personen geht und verspüren eine innere Leere und Nutzlosigkeit, wenn sie am Ende ihrer Berufstätigkeit stehen. In Betracht werden auch die möglichen Zusammenhänge mit Kriegserfahrungen und Suchtmittel gezogen. Diese wurden und werden häufig von Betroffenen zu sich genommen um die Ängste und Erinnerungen abzuschwächen oder auszuschalten. Treten die Angstzustände oder Panikattacken jedoch häufiger auf sollte man eine Trauma-Reaktivierung oder Retraumatisierung nicht außer Acht lassen (vgl.Radebold H. , 2015, S. 75f). Wie sich Trauma-Reaktivierungen und Retraumatisierungen im Alter zeigen wird im nächsten Punkt näher beschrieben.

4.2 Trauma-Reaktivierung und Retraumatisierung im Alter

Im Verlauf dieser Arbeit haben sich möglichen Vulnerabilitäten[31] in der Persönlichkeitsentwicklung und den Bewältigungsstrategien von Personen mit Kriegserfahrungen aufgezeigt. Die sich im Laufe eines Lebens bildende Persönlichkeit und dessen Bewältigungsstrategien spielen im Alterungsprozess eine wichtige Rolle. Daher ist es nachvollziehbar das Betroffene im zunehmenden Alterungsprozess Schwierigkeiten zeigen sich neuen Lebenssituationen anzupassen. Hinzu kommen die im Alter abbauenden physischen und psychischen Kräfte die es bis zuvor ermöglicht haben ungewünschte Erinnerungen in den Alltag zu integrieren oder zu verdrängen (vgl.Glaesmer & Brähler, 2011, S. 347). Da ein Wiedererleben von Ereignissen und Erfahrungen in der Biografie eines Menschen sehr wahrscheinlich ist, ist eine Trauma-Reaktivierung und die damit evtl. anschließende Retraumatisierung bei damaligenKriegskindern und -jugendlichen nicht auszuschließen. Auf

---

30 Brähler et al. psychische Spätfolgen von Kriegstraumata
31 genetische und/oder biografisch erworbene Verletzlichkeit

dieser Grundlage können bei diesen Personen im späten Erwachsenenalter traumatische Erfahrungen durch folgende Annahmen reaktiviert werden. Zum einen geht man davon aus, dass durch den Austritt aus dem Berufsleben Betroffene mehr Zeit haben über ihr bisheriges Leben nachzudenken und den Drang verspüren unbewältigte Ereignisse und Erfahrungen aufzuarbeiten. Zum anderen drängt der Alterungsprozess selbst, Menschen mit Kriegserfahrungen zurück in die Hilflosigkeit und der damit zusammenhängende Abhängigkeit von Angehörigen oder Professionellen. Dabei genügen kleinste Trigger wie Bilder, Gerüche, Geräusche etc., um eine Reaktivierung des Traumas zu erzeugen. Daraus muss sich nicht zwingend eine Retraumatisierung entwickeln (vgl. 1.1). Eine vereinfachte Darstellung von Trauma-Reaktivierung und Retraumatisierung zeigt die Abb. 3. Welche Auswirkungen und Probleme sich daraus für Betroffene und professionelle Pflegekräfte in vollstationären Einrichtungen ergeben, wird im Punkt 3.3.1 erklärt. Für ein besseres Verständnis wird zunächst einmal erläutert was man unter einer vollstationären Einrichtung versteht und wie man sich deren Tagesablauf vorstellen kann.

4.3 vollstationäre Pflegeeinrichtung

Hierbei handelt es sich um eine Einrichtung, die eine dauerhafte Unterbringung pflegebedürftiger Menschen vorsieht. Die Angelegenheiten des täglichen Lebens finden in dieser Institution statt. Gewehrleistet wird eine 24 h lange medizinische und tagesbegleitende soziale Betreuung durch ausgebildetes Personal. Es ist gesetzlich festgelegt das 50% der Mitarbeiter ausgebildetes Fachpersonal[32] sein muss. Zudem kommen Pflegekräfte, Mitarbeiter der sozialen Betreuung, Mitarbeiter der Haustechnik und -wirtschaft sowie der Verwaltung hinzu. Die fachliche Leitung unterliegt der PDL[33] und der EL[34]. Grundlage für die Leistungserbringung vollstationärer Pflegeeinrichtungen bildet das Grundgesetz des SGBXI und den Rahmenverträgen gemäß §75 Abs.1 SGBXI des jeweiligen Bundeslandes. Neben der professionellen ganzzeitlichen Pflege und Betreuung streben Pflegeeinrichtungen die Förderung der Selbstständigkeit und Unabhängigkeit unter Berücksichtigung der Bedürfnisse und Gewohnheiten der zu Pflegenden an. Jede Pflege-

---

[32] in staatlich anerkannte Altenpfleger*in, Krankenschwester, Ergotherapeuten*
[33] Pflegedienstleitung
[34] Einrichtungsleitung

einrichtung obliegt einer individuellen Tagesstruktur die sich im Allgemeinen aber sehr ähnlich sind und lediglich im zeitlichen Ablauf und differenzierten Betreuungsangeboten voneinander unterscheiden. Dennoch ist daraus resultierend eine ziemlich starre Tagesstruktur, die für Mitarbeiter und zu Pflegenden verbindlich ist. Die Einteilung des Tagesablaufs ist stark an den Dienstzeiten der Pflegemitarbeiter angelehnt. So werden häufig die pflegerischen Maßnahmen und Betreuungsangebote dem Frühdienst, Spätdienst und Nachtdienst angepasst. Der Tag in einer Pflegeeinrichtung beginnt für das Personal wie für Pflegebedürftige mit der täglichen Körperpflege. Moderne Einrichtungen haben die dafür vorgesehen Waschräume in den Bewohnerzimmern integriert und können so die Privatsphäre der zu Pflegenden wahren. In den älteren Einrichtungen besteht die Möglichkeit das die Waschräume auf den Fluren für 2-4 Bewohner angelegt sind. Nach der morgendlichen Körperpflege begeben sich die meisten Bewohner in die Aufenthaltsräume, um gemeinsam das Frühstück einzunehmen. Bei Pflegebedürftigen mit starken körperlichen Einschränkungen wird die Einnahme der Mahlzeiten am Bett vorgenommen. Nach dem Frühstück beginnen die Betreuungsangebote, an denen die Bewohner je nach Interesse teilnehmen können. Diese Angebote finden meist in den Gemeinschaftsräumen der Einrichtung statt. Zudem werden im Frühdienst die allgemeinen medizinischen Behandlungen[35] durchführt. Das gemeinsame Mittagessen wird wie beim Frühstück in den dafür vorgesehenen Aufenthaltsräumen oder in den Bewohnerzimmern eingenommen bzw. gereicht. Danach folgt für die Bewohner der Pflegeeinrichtung die allgemeine Mittagsruhe und für das Personal nach einer kurzen Besprechung der Wechsel vom Früh- zum Spätdienst. Nach der Mittagsruhe findet für die Pflegebedürftigen das gemeinsame Kaffee trinken statt. Der Nachmittag steht für gemeinsame Beschäftigungsangebote oder individuelle Beschäftigung zur Verfügung. Durch das Pflegepersonal werden noch offene pflegerische Maßnahmen und/oder die Körperpflege von bettlägerigen Bewohnern ausgeführt. Der Tag endet für die Pflegebedürftigen meist nach der Einnahme des Abendessens. Die Pflegemitarbeiter der Einrichtung führen die Körperpflege durch und bereiten die Bewohner für die Nachtruhe vor. Vereinzelt bereiten sich Pflegebedürftige selbst für die Nacht vor, in dem sie die Körperpflege selbst durchführen und Beschäftigungen wie Fernsehen, Rätseln oder Lesen nachgehen. Die allgemeine Nachtruhe wird mit dem Wechsel vom

---

[35] Blutdruckmessen, Behandlungspflege, Verbandswechsel

Spät- zum Nachtdienst eingeleitet (vgl.Heinzelmann, 2004, S. 159ff.). Nach terminlicher Vereinbarung werden Arztbesuche,Friseur, Fußpflege, externe therapeutische Angebot häufig auf den Vormittag gelegt. Die hier allgemein beschriebene feste Tagestruktur und darin stattfindenden pflegerischen Maßnahmen, sowie Betreuungsangebote beinhalten einige Gefahren im Umgang mit kriegserfahrenen Pflegebedürftigen. Welche Probleme sich aus einem Pflegealltag ergeben können wird im nächsten Abschnitt beschrieben.

4.3.1 Problemdarstellung

Wie in den vorangegangenen Punkten dargestellt ist, sind die Auswirkungen traumatischer Erfahrungen zeitlos. Sie können im Alter weiterhin im Verborgenen bleiben und/oder nach und nach immer mehr an die Oberfläche gelangen. In der alltäglichen Pflege gibt es daher bestimmte Situationen, die sich den damaligen Kriegserfahrungen ähneln und somit eine Trauma-Reaktivierung begünstigen können (vgl.Schleswig Holstein gGMBH, 2013, S. 35). So kann die tägliche Körperpflege, gerade bei Betroffenen Frauen von sexuellem Missbrauch, eine Reaktivierung des Traumas auslösen. Sie fühlen sich in diesen Situationen wieder hilflos und ausgeliefert. Körperliche und/oder verbale Abwehr können Anzeichen solcher Erfahrungen sein. Ebenso zählen der Katheterwechsel oder Duschvorgänge (vor allem für KZ-Gefangene) zu den möglichen Problemsituationen. Geräusche den Bombenanschlägen ähnlich sind wie z.B. Feuerwerk oder Kriegsberichte aus den Medien können Trigger für das Wiedererleben bedrohlicher Ereignisse sein. Notsignalen der Hilferufanlagen in Pflegeeinrichtungen oder Sirenenalarm können Erinnerungen an Bombenalarm oder Gefechtsfeuer hervorrufen. Gerüche von Blut, Reinigung- und Desinfektionsmitteln oder Ausscheidungssekreten können gerade KZ- Häftlinge stark an die damalige Situation erinnern. Betroffene von medizinischen Zwangsmaßnahmen können durch unfreiwillige Medikamentengabe oder freiheitsentziehende Maßnahmen[36] einen Übergriff in ihre Selbstbestimmung verspüren und sich dadurch mit Erfahrungen aus dem zweiten Weltkrieg konfrontiert fühlen. Selbst sprachliche Äußerungen, die von Mitbewohnern oder Personal einer Befehlsaufforderung ähneln, können Erinnerungen wecken. Aber nicht nur Reaktionen auf pflegerische Handlungsmaßnahmen können Anzeichen von kriegstraumatischen Ereignissen sein auch tägliche Verhaltensauffäl-

---

[36] heute nur noch durch gerichtliche Erlaubnis durchführbar

ligkeiten müssen berücksichtigt werden. Zu ihnen zählen Ein- und Durchschlafprobleme, wiederkehrende Albträume und nächtliche Angstzustände. Motorische Unruhe, sowie Hinlauftendenzen und die Suche nach Angehörigen müssen nicht immer ein Beleg dementieller Erkrankungen sein. Aggressives Verhalten gegenüber Mitbewohner und/oder Personal in Form von verbalen und körperlichen Attacken sowie das Zerstören von Gegenständen zeigen eine Möglichkeit kriegstraumatische Erfahrungen abzuwehren. Ein häufig zu beobachtendes Phänomen ist der Umgang mit Nahrungsmitteln. Die Mahlzeiten werden häufig in großen Mengen und sehr schnell zu sich genommen. Ebenso der Versuch Lebensmittel zu horten können Anzeichen für damals erfahrene Hungersnöte sein. Aber nicht nur Betroffene des zweiten Weltkrieges haben mit den Spätfolgen zu kämpfen auch das Personal in vollstationären Pflegeeinrichtungen fühlt sich von den Auswirkungen betroffen. So ist es für Pflegende häufig schwierig biografische Zusammenhänge, im Kontext Verhaltensauffälligkeiten, zu ziehen. Grundlagen bilden zum einen die Verschlossenheit der zu Pflegenden und zum anderen das Fehlen biografischer Informationen. Werden Mitarbeiter im Pflegeheimalltag mit der Thematik Kriegstraumata konfrontiert fühlen sie sich oft überfordert, weil sie nicht wissen wie sie richtig reagieren können. Eine häufige Interventionsmethode, die dann genutzt wird, ist die Validation[37,] welche bei dementiell Erkrankten von Nutzen sein kann. Als schwierig anzusehen ist auch die eigene innere Haltung der Mitarbeiter im Bezug auf das Mitwirken zu Pflegender im zweiten Weltkrieg. Daraus resultiert ein psychischer Druck ihrer pflegerischen Tätigkeiten vorurteilsfrei auszuüben (vgl.Romeike, 2017, S. 197f). Diese aufgeführten Probleme sind keine Seltenheit. Jedoch werden sie häufig mit komorbiden[38] Erkrankungen in Verbindung gebracht. Wie man kriegserfahrene Menschen bestmöglich Unterstützen und Mitarbeiter in Pflegeeinrichtungen nützliche Hilfestellungen geben kann wird im folgenden Punkt beschrieben.

4.3.2 Anforderung an Mitarbeiter und Pflegeeinrichtungen

In erster Linie sollte das Bewusstsein der im Punkt 3.3.2 beschriebenen Problematik gestärkt werden, um im Weiteren die Empathie gegenüber dem erfassen und verwenden biografischer Daten zu steigern. In den meisten Pflegeeinrichtungen gibt es vorgefertigte Biografiebögen die zu meist von Angehörigen ausgefüllt

---

[37] wertschätzende Kommunikationsmethode im Umgang mit dementiell erkrankten Menschen
[38] zusätzlich, diagnostisch abgrenzbares Krankheitsbild

werden. Eine nützliche Ressource bildet daher das Erstgespräch zwischen Personal und Pflegebedürftigen, um fehlende Informationen zu ergänzen oder zu erweitern. Ebenso sollte keine Scheu bestehen bei Angehörigen oder anderen nahestehenden Personen (soweit vorhanden) gezielt nachzufragen. Dabei ist es wichtig nicht nur Biografie bezogene Daten zu pflegenden Personen aufzunehmen, sondern auch deren persönliche Auseinandersetzung mit bedeutenden Lebensereignissen. Die täglichen pflegerischen Maßnahmen sollten bei auffälligen zu Pflegenden sensibel durchgeführt werden. Die notwendige Körperpflege sollte daher unter Ankündigung stattfinden und dessen Autonomie berücksichtigen. Bei betroffenen Frauen ist es hilfreich die Körperpflege nur von Frauen durchführen zu lassen und für genügend Privatsphäre zu sorgen. Ebenso sollten Wasch- und Duschvorgänge nachts vermeiden werden. Der Einbezug zeitgeschichtlicher Thematiken in Beschäftigungsangeboten kann für Betroffene eine hilfreiche Interventionsmethode darstellen, um sich mit nicht aufgearbeiteten Ereignissen im Alter auseinanderzusetzen. Jedoch sollten diese nur von geschultem Personal durchgeführt werden, um im Falle einer Trauma- Reaktivierung professionell handeln und unterstützen zu können. Ein notwendiger Rückhalt bildet ein professionelles Netzwerk aus Ärzten, Therapeuten und Seelsorge, welches einer Pflegeeinrichtung zur Verfügung stehen sollte. Den Mitarbeitern einer Pflegeeinrichtung können thematisch ausgelegte Fortbildungen, gerade an zeitgenössischen Ereignissen, eine wichtige Unterstützungsmöglichkeit bieten. Der Einsatz von Supervisionen und/oder Fallbesprechungen darf keine Hürde für die Aufarbeitung belastender Pflegesituationen sein und sollte in regelmäßigen Abständen durchgeführt werden. Das verhilft auch den Mitarbeitern ihre eigene Einstellung zu der angeführten Thematik für sich zu reflektieren und professionell damit umzugehen. Ein letzter wichtiger Aspekt, der noch aufgezeigt werden muss, ist das Empowerment[39]. Zwar sind Pflegeeinrichtungen in erster Linie verpflichten die medizinischen und pflegerischen Maßnahmen durchzuführen, jedoch sollten sie dabei die Persönlichkeit und die biografische Relevanz der Pflegebedürftigen nicht nur hintergründig wahrnehmen. Das Nutzen und Stärken vorhandener Ressourcen von Bewohnern kann für das tägliche Miteinander sehr gewinnbringend sein (vgl.Radebold H. , 2015, S. 188ff). Es gibt viele Interventionsmöglichkeiten mit denen zwischenmenschliche Beziehungen in Pflegeeinrichtungen gestärkt wer-

---

[39] Handlungskonzept der Sozialen Arbeit um Menschen zu stärken, Ressourcen zu fördern, personale Kompetenzen weiter/ zu entwickeln

den kann. Grundlage aller Methoden bildet jedoch immer das biografische Wissen. Daher werden in den nächsten Punkten zwei Methoden vorgestellt mit denen die Biografiearbeit im Kontext vollstationäre Pflegeeinrichtung gut umsetzbar ist.

4.4 Biografiearbeit als Methode der Sozialen Arbeit mit kriegstraumatisierten alten Menschen

Ohne Kommunikation ist Biografiearbeit nicht vollziehbar. Die Soziale Arbeit verfügt über verschiede Interventionsmethoden, die individuell in den differenzierten Arbeitsfeldern eingesetzt werden können. So auch in der Arbeit mit kriegstraumatisierten alten Menschen. Die traumasensible Biografiearbeit soll Betroffenen dazu verhelfen den Mangel an lebensbedingten sozialen Kontakten, sozialer Teilhabe und sozialer Sicherung durch positive psychosoziale Aufarbeitung zu kompensieren. Diese Unterstützungsarbeit kann in Einzelgesprächen oder in Gruppeninterventionen durchgeführt werden. Dabei ist zu beachten, dass die Persönlichkeit und Integrität des einzelnen Pflegebedürftigen gewahrt bleibt. Grundlage für das Erarbeiten biografischer Prozesse bildet daher ein fundiertes Wissen und Fachkompetenz der Mitarbeiter. Zum ersten sei hier die persönliche Grundhaltung gegenüber biografischen Fakten aufgeführt. Diese sollte bei den Durchführenden der biografischen Arbeit eine dialogische und empathische Grundhaltung voraussetzen. In biografischen Settings, sei es in Einzel- oder Gruppengesprächen, muss dem Erzählenden das Gefühl von Sicherheit und Akzeptanz geben sein. Nur dann ist eine professionelle Beziehungsgestaltung möglich. Betroffene Traumatisierte fühlen sich oft sozial Isoliert. Daher besteht die Aufgabe darin, dem Gegenüber bewusst zu machen mit seinem Leiden nicht alleine zu sein. Das erfordert wiederum bei den Gruppenleitern historisches, kulturelles Wissen und deren Zusammenhänge, sowie eine Entprivatisierung der traumatischen Erfahrungen bei Betroffenen. Ebenso sollte in der Biografiearbeit der Raum für notwendige Aufarbeitung von belastenden Erfahrungen gegeben sein. Dazu sollte ein Netzwerk aus Ärzten und Therapeuten zur Verfügung stehen. Aufgabe der Sozialen Arbeit ist es, in diesem Zusammenhang die Schnittstelle zwischen Hilfsmöglichkeiten und Betroffenen zu bilden und die Ermutigung derer Hilfsmöglichkeiten zu nutzen. Auch wenn Biografiearbeit eine Reihe von Fachkompetenz bedarf, ist eine gelungene Erarbeitung einer Biografie in Pflegeinrichtungen keine Hürde (vgl.Miethe, 2014, S. 145ff.). Dazu wurden verschiedene Interventionen für die Altenarbeit adaptiert. Die biografisch narrative Gesprächsführung ist eine Methode des Einzelsettings und eignet sich gut für Aufnahme- und/oder

Erstgespräche in pflegerischen Einrichtungen. Für Biografiearbeit in Gruppen ist das Erzählcafé, hier in Form des Frage- und Antwortspiels Vertellekes erläutert, von großem Nutzen. Die Inhalte und der Umgang mit diesen Medien werden in den folgenden Punkten näher beschrieben. Egal ob in Einzel- oder Gruppensettings sollten die Rahmenbedingungen von Biografiearbeit wie in Punkt 2.3 beschrieben erfüllt sein.

4.4.1 biografisch narrative Gesprächsführung

Die biografisch narrative Gesprächsführung findet ihren Ursprung in der von Schütz 1983 entwickelten narrativen Interviewmethode. Ergänzend sind die von Rogers nondirekten Nachfragentechniken charakteristisch für narrative Interviews. Es handelt sich hierbei um eine offene Gesprächsform zwischen Erzähler*in und Zuhörer*in und nicht wie üblich, um eine reine Abfragung biografischer Daten. Diese Methode eignet sich gut für Gespräche in vollstationären Pflegeeinrichtungen da sie keiner großen Erklärung für den/die Erzähler*in bedarf. Die eigentlichen Aufgaben bei der biografisch narrativen Gesprächsführung liegen wie im Punkt 3.4 angedeutet beim Zuhörer, der den Erzählprozess ohne große Nachfrage in eine zusammenhängende Geschichte mit Anfang und Ende lenkt (vgl.Specht-Tomann, 2018, S. 101f.). Die narrative Gesprächsführung bedient sich der Alltagssprache des Erzählers. Welches das erzählen der eigenen Lebensgeschichte enorm erleichtert, weil auf fachsprachliche Kenntnisse keine Rücksicht genommen werden muss. Bei dieser Gesprächsführung wird bewusst auf vorgefertigte Fragen verzichtet, damit die Lebensgeschichte in ihrer individuellen Wahrnehmung vom Erzählenden präsentiert werden kann. Es wird davon ausgegangen, dass durch diese Erzählweise mehr Biografie zu erfahren ist als im gezielten Nachfragen. Zudem kann die narrative Erzählweise eine heilende Wirkung für Betroffenen erzeugen, weil sie dem Erzählenden Raum bietet prekäre Lebensereignisse neu zu deuten, Zusammenhänge zu erkennen und unterdrückt Erinnerungen wieder bewusst zu machen. Auch wenn der/die Zuhörer*in bei dieser Erzählweise in den Hintergrund rückt sollte er/sie doch ständig das Gefühl von Interesse an der Lebensgeschichte des Erzählenden vermitteln. Das vertiefende Nachfragen sollte erst nach Beendigung der Erzählung angewendet werden. Da in Pflegeeinrichtungen oft nicht die Zeit für ausführlich erzählte Lebensgeschichten besteht, gibt es bei der biografisch narrativen Gesprächsführung auch Nachfragetechniken, die während des Erzählens angewendet werden dürfen. So kann der/die Zuhörer*in während des Gesprächs auf emotional bewegende Inhalte eingehen und Nachfragen, wie die betroffene Person sich damals gefühlt hat und ob sich die Gefühlslage im Laufe des Lebens geändert hat oder immer noch so wahrgenommen wird. Wichtig ist das der/die Zuhörer*in die Worte des Erzählenden wählt, damit nicht der Eindruck eigener Deutungen entsteht. In manchen Situationen lassen sich eigene Deutungen jedoch nicht vermeiden. In diesem Fall sollte jedoch darauf geachtet werden sich so nahe wie möglich an der Wortwahl des Erzählenden zu orientieren. Bei der narrativen Nachfrage sind „Warum-, Weshalb-, Wieso-Fragen„ generell nicht erwünscht, weil sie nicht der eigentlichen Erzählweise dienen sondern immer Möglichkeiten der Argumentation bieten. Rosenthal benennt daher vier Fragetypen, die bei der narrativen Nachfrage sehr hilfreich sein können. Durch die Frage: „Können Sie mir über die Zeit (Kindheit, etc.) noch etwas mehr erzählen?", (vgl.Miethe, 2014, S. 83) wird durch das gezielte Nachfragen eine Lebensphase deutlich gemacht. Bei Fragen zu zeitlichen begrenzten Themen kann eine wertungsfreie Nachfrage so lauten, „Sie erwähnten Ihre glückliche Kindheit, können Sie noch etwas mehr darüber erzählen, ihre ersten Erinnerungen und wie es dann weiterging?" (vgl.Miethe, 2014, S. 83). Zu situationsbedingten und argumentierten Erzählungen bietet Rosenthal folge Fragetechniken an, „Sie erwähnten vorhin die Situation X, können Sie mir diese noch einmal genauer erzählen?" und „Du hast erzählt, wie schwierig die Situation mit Deinem Vater für dich ist (Argumentation). Erzähl mir doch mal eine Situation, in der Du den Vater als schwierig erlebt hast." (vgl.Miethe, 2014, S. 83). Für eine gelingende biografisch narrative Gesprächsführung ist Zeit und die Bereitschaft zum Zuhören von großer Bedeutung. So testen die Erzählenden gerade bei schwierigen Lebenserfahrungen die Bereitschaft des Zuhörers aus (vgl.Miethe, 2014, S. 81ff.). Wie Anfangs erwähnt hat sich die biografisch narrative Gesprächsführung in der Biografiearbeit mit alten Menschen bewährt da hier die Form des freien und individuellen Erzählens verfolgt wird. Ziel dieser sogenannten Stegreiferzählung ist dem Erzählenden seine Vergangenheit gegenwärtig zumachen und wenn notwendig neu zu bewerten (vgl.Specht-Tomann, 2018, S. 101f.). Worauf bei der biografisch narrativen Gesprächsführung mit traumatisierten alten Menschen jedoch verzichtet werden sollte, ist das Aufzeichnen auf Tonband, welches für narrative Interviews typisch ist. Denn Schwerpunkt für die Biografiearbeit mit alten Menschen ist in erster Linie nicht das Aufarbeiten prägender Lebensereignisse sondern die Kenntnis über diese im Kontext aktueller Verhaltensweisen (vgl.Hölzle & Jansen, 2011, S. 336f.). Für das erarbeiten biografische Informationen mit Kriegstraumatisierten Menschen in Pflegeeinrichtungen sollte der/die Zuhörer*in das Gefühl vermitteln, das Leiden Betroffener anzuerkennen und wirkliches Interesse an der Lebensgeschichte zu haben. Zudem benötigt er/sie ein besonderes Gespür, wenn Betroffene von belastenden Ereignissen berichten. Die Möglichkeit über traumatische Situationen sprechen zu können, kann eine befreiende Wirkung auf den/die Erzähler*in haben. Wie zuvor angedeutet kann, dass erlebte in der Gegenwart neu gedeutet und akzeptiert werde. Bestehende Verhaltensauffälligkeiten können als Folge dieser Erlebnisse gedeutet und somit als berechtigt wahrgenommen werden. Das Wiedererleben von Ereignissen und den damit verbundenen Gefühlen kann aber auch Gewahren der Trauma- Reaktivierung mit sich bringen. In dieser Situation sollte der/die Zuhörer*in dem Betroffenen verhelfen das Erlebte als zu seiner Vergangenheit zugehörig zu akzeptieren. Durch die biografisch narrative Gesprächsführung haben Betroffene die Möglichkeit ihr Schicksal zu teilen, aufzuarbeiten und für sich anzuerkennen (vgl.Miethe, 2014, S. 81ff.). Biografiearbeit kann neben der hier aufgeführten Einzelintervention auch in Gruppengesprächen stattfinden. Die am häufigsten verwendete Form ist das Erzählcafé. Bei dieser Gruppenintervention geht es um den gemeinsamen Austausch von differenzierten und/oder kollektiven Lebenserfahrungen. Eine adaptierte Methode für Biografiearbeit mit alten Menschen stellt das von Fiedler entwickelte Vertellekes dar. Dieses Frage- und Antwortspiel wird im nächsten Abschnitt genauer dargestellt.

4.4.2 Vertellekes

Vertellekes ist ein biografisches Frage- und Antwortspiel für 3-8 Personen. Es wurde speziell für die Beschäftigung mit älteren Menschen entwickelt. Das erklärt auch die Namensgebung. Vertellekes ist abgeleitet von dem Wort vertellen welchen seinen Ursprung in der plattdeutschen Sprache hat und so viel wie „erzählen" bedeutet. Die Spielregeln sind einfach konzipiert, so dass es auch für Hochbetagte mit kognitiven, motorischen oder verbalen Einschränkungen spielbar ist. Zum Spiel gehörig ist 1 Spielbrett auf dem die Aufgabenfeldkarten verteilt werden. Zu den Aufgabenfeldkarten gehören die Aufgabenkarten, die durch Kennzeichnung verschiedener Tiere in 8 Themenbereich gegliedert sind. Der Themenbereich Biografie (Schildkröte) und persönliche Fragen (Katze) bilden die Grundlage der biografisch bezogenen Arbeit. Die weiteren Themenbereiche, wie das singen von Volksliedern (Vogel), bekannte Gedichte (Eule), Zungenbrecher (Dachs), Sprüche und Redewendungen (Igel) sowie Summenrätsel (Eichhörnchen) und Pantomime (Schmetterling) dienen der Stärkung des Gruppengefüges und des Selbstbewusstseins. Grundsätzlich ist das Spiel dazu ausgelegt positive Aspekte bei den Mitspielern hervorzuheben. Zudem sind zwei Würfel, eine Spielfigur und eine Sanduhr für das Spielen auf Zeit (Pantomime und Summenrätsel) dazugehörig. Jedoch in der Praxis variabel einsetzbar. Wie in der Spielanleitung beschrieben beginnt die Person, die der Spielfigur am nächsten ist (andere Regeln können gemeinsam mit der Gruppe festgelegt werden). Die Spielfigur wird um die jeweilige Augenzahl versetzt und wie vorher bestimmt wird die Aufgabe vom Gruppenleiter*in oder Mitspielern vorgetragen. Alle Mitspieler sind nun aufgefordert die gestellte Frage/Aufgabe zu beantworten. So wird das Spiel im Uhrzeigersinn fortgeführt. Da es im Allgemeinen kein Ende bei dem Spiel gibt wird eine zeitliche Begrenzung je nach Ressource der Gruppe festgelegt. Dabei ist eine Eingrenzung von max. 1 Stunde empfehlenswert. Ziel des Spieles ist es in erster Linie positive Erinnerungen zu wecken. Sinnvoll ist auch der Vergleich mit damaligen Erfahrungen und der heutigen Situation. So kann eine gelingende Auseinandersetzung im Bezug auf Vergangenheit und Gegenwart erfolgen. Durch die Auswahl der verschiedenen Themenbereiche soll ebenso die positive Wahrnehmung gefördert werden. Da die Mitspieler die Möglichkeit haben, ihr Wissen miteinzubringen, sich bei Nichtwissen zurückzunehmen oder Unterstützungen erhalten, kann eine positive Wahrnehmung des einzelnen gefördert werden. So geraten Defizite wie Schmerzen oder körperliche und kognitive Beeinträchtigungen in den Hintergrund und der Hochbetagte hat die Möglichkeit mit seinen vorhandenen Fähigkeiten wahrgenommen zu werden. Da bei jeder Frage die gesamten Mitspieler (auch der/die Spielleiter*in) angesprochen sind und die Gruppe aufgefordert ist miteinander zu kommunizieren, zu singen oder nachzudenken, wird das Gemeinschaftserlebnis gestärkt. So gelingt auch der Austausch gemeinsamer oder differenzierter Erfahrungen, was die Bewohner und das Personal zum gegenseitigen besseren Kennenlernen einlädt. Unverzichtbar bei diesem biografischen Spiel ist ein/e Spielleiter*in. Er/Sie ist in erster Linie für die Spielvorbereitung verantwortlich. Das betrifft die Gestaltung der Räumlichkeit, wie auch die Auswahl der Themenbereiche. Zudem sollte der/die Spielleiter*in sich im Vorfeld mit den Fragen und Aufgaben des Spiels vertraut machen. Im Spiel selbst ist er/sie angehalten die Mitspieler zu motivieren, gegebenenfalls zu unterstützen und hat dafür Sorge zu tragen, dass die Spielregeln eingehalten werden. Die Professionalität liegt darin, gestellte Fragen aufzugreifen und weiterzuentwickeln, um die Gruppe zu gemeinsamen Gesprächen zu führen und jeden Mitspieler*in (so gewollt) zu integrieren. Durch die Anteilnahme des/der Spieleiters*in wird die Distanz, die im sonstigen Arbeitsalltag herrscht gemindert, denn auch er/sie gibt persönliche Sachen von sich Preis und trägt somit zu einem besseren gegenseitigen Kennenlernen bei. Auch wenn das Spiel einen biografischen Hintergrund verfolgt sollte der Spaß und die Freude am gemeinsamen Erfahrungsaustausch und geselligem Beisammensein im Vordergrund stehen (vgl.Fiedler).

5 Fazit

Ich habe diese Arbeit verfasst, um in den Lesern das Bewusstsein zu wecken, dass Kriegserfahrungen und deren Folgen allgegenwärtig sind. Da ich mich derzeit in meiner täglichen Arbeit als Ergotherapeutin in einer vollstationären Pflegeeinrichtung mit den Spätfolgen von Kriegsereignissen des zweiten Weltkriegs konfrontiert sehe, ist diese Bachelor Thesis zum Teil auch auf der Grundlage von Erfahrungen mit Betroffenen entstanden. Aus meiner Sicht besteht in den Institutionen die Problematik, dass Verhaltensauffälligkeiten falsch gedeutet werden oder ihnen kaum Beachtung geschenkt wird. Die pflegerischen Maßnahmen, deren Dokumentation und Evaluation sind in der täglichen Arbeit einer Pflegeeinrichtung vordergründig. Dabei gerät häufig in Vergessenheit, dass Personen, die sich für ein bewusstes oder unbewusstes verleben ihrer Letzen Lebensjahre in vollstationären Einrichtungen entschieden haben, eine Lebensgeschichte mitbringen. Eine Lebensgeschichte mit Höhen und Tiefen. Eine Lebensgeschichte, die sie Zeit ihres Lebens geprägt hat. Eine Lebensgeschichte, die aus ihnen die Persönlichkeit gemacht hat, die wir in den heutigen Einrichtungen antreffen. Um Lebensgeschichten zu erfassen und deren Zusammenhänge mit Verhaltensauffälligkeiten begreiflich zu machen, ist gerade die Biografiearbeit eine nützliche Interventionsmethode. Um dieses komplexe Thema im Ganzen zu verstehen habe ich diese Arbeit in drei Kapitel gegliedert. Da Kriegstraumata eine chronische Form des psychischen Traumas darstellen, wird zu Beginn das Krankheitsbild veranschaulicht. Der Verlaufsprozess eines psychischen Traumas gibt Aufschluss darüber, warum extreme Erfahrungen Folgen bis ins hohe Alter haben können. Da die beschriebene Kohorte zum Zeitpunkt der Traumatisierung auf wenig soziale Kontakte und nur auf altersentsprechenden Coping Mechanismen zurückgreifen konnten, ist die Wahrscheinlichkeit unverarbeiteter Kriegserlebnisse im Alter sehr hoch. Die Tatsache, dass die Auswirkungen von Kriegserfahrungen so wenig bekannt sind und noch heute wenig Bedeutung finden wird im Abschnitt „Kriegstrauma und Gesellschaft" beschrieben. Da ich der Meinung bin, dass wir die Kenntnisse kriegstraumatischer Erfahrungen von Pflegebedürftigen nur durch Biografiearbeit erlangen können, wird im zweiten Kapitel die „Biografiearbeit im Alter" vorgestellt. Dazu wird der Begriff Biografiearbeit erst einmal definiert und anhand des von Erikson entwickelten Lebensbogen die Zeitspanne Alter verdeutlicht. Aufgrund physischer und psychischer Abbauprozesse im Alter wurden verschiedene Methoden entwickelt und adaptiert, die im Punkt 2.2 beschrieben sind. Diese können in Gruppen- oder Einzelsettings stattfinden, benötigen dafür aber ausreichend sachliche wie fachliche Kompetenzen, die unter dem Punkt „Rahmenbedungen" zu finden sind. Warum ich diese Methoden als so wichtig ansehe, wird mit der Zielsetzung des biografischen Arbeitens begründet. Es geht eben nicht nur um Datenerfassung bei alten Menschen in Pflegeinrichtungen, sondern um dessen Lebensgeschichte. Wie anfangs benannt sind über 50% der zu Pflegenden in meiner Einrichtung in der Zeit des zweiten Weltkriegs geboren und aufgewachsen. Dementsprechend verlangen die täglich durchgeführten pflegerischen Tätigkeiten ein Maß an Vertrauen und zwischenmenschliche Beziehungen, um die Autonomie und die Persönlichkeit Betroffener zu wahren. Da die Biografiearbeit auf sehr persönlicher Ebene stattfindet und zu dem die Fähigkeit der Sprache notwendig ist, ergeben sich gerade im Alter Gefahren und Grenzen, die im letzten Abschnitt des Kapitels beschrieben werden. Das letzte Kapitel verknüpft die Thematiken Kriegstraumata in vollstationären Pflegeeinrichtungen und Biografiearbeit im Alter miteinander. Dafür sind die Spätfolgen der Ereignisse des zweiten Weltkriegs bei den heutigen Hochbetagten aufgezeigt und es ist begründet, warum gerade Menschen im späten Erwachsenenalter Anzeichen von Traumata aufweisen. Diese unverarbeiteten und verdrängten Erlebnisse können im Pflegealltag durch verschiedene Trigger wieder zum Vorschein kommen und eine Trauma-Reaktivierung und daraus resultierende Retraumatisierung hervorrufen. Die Schwierigkeiten, die sich daraus für das Personal und Bewohner einer stationären Einrichtung ergeben sind in Punkt 3.3.1 beschrieben. Dem vorweg ist die Institution vollstationäre Pflegeeinrichtung und den darin stattfindenden Tagesablauf kurz erläutert. Dass die benannten Abläufe in Pflegeeinrichtungen Probleme mit sich bringen ist daher nicht verwunderlich. Das wiederum erfordert ein gesellschaftliches Umdenken. Eine intensive Auseinandersetzung mit Pflegebedürftigen und deren Lebensgeschichte ist dafür erforderlich. Das stellt Mitarbeiter und die Pflegeeinrichtungen vor neuen Anforderungen, die im Punkt 3.3.2 benannt sind. Ist man gewillt sich mit den Anforderungen auseinander zu setzten, können neue Chancen entstehen mit der Thematik Kriegstrauma bewusst und angstfrei umzugehen. Derzeit nutzen wir in unserer Pflegeinrichtung vorgefertigte Biografiebögen auf denen nützlich Lebensdaten durch den Pflegebedürftigen selbst oder deren Angehörige erfasst werden. Diese Datenerhebung ist jedoch nicht aussagekräftig im Bezug auf die emotionale Lebensgeschichte und deren Verarbeitung. Dazu bedarf es tiefgreifender Methoden die im letzten Abschnitt des Kapitels genauer beschrieben werden. Die biografisch narrative Gesprächsführung ist gerade bei der Aufnahme neuer Bewohner in Pflegeeinrichtungen eine sehr hilfreiche Methode. Die offene Erzählweise ermöglicht dadurch biografische Daten und Ereignisse in Ihrer emotionalen Wahrnehmung und Verarbeitung zu erfassen. Durch den Verzicht auf vorgefertigte Fragen ist daher eine zusammenhängende Erzählweise gegeben. Mit dieser Methode erlangt man die Möglichkeit, ungehörten einen Raum zu geben und ihre leidvollen Erfahrungen anzuerkennen. Da die biografisch narrative Gesprächsführung auf sehr emotionaler Ebene stattfindet, sollten sie in Pflegeeinrichtungen ausschließlich von Fachpersonal durchgeführt werden. Ein Problem welches die biografisch narrative Gesprächsführung mit sich bringt ist der Zeitfaktor. Die Zeit für Einzelinterventionen ist sehr begrenzt und der Tagesablauf in Pflegeeinrichtungen stark an pflegerische Maßnahmen geknüpft. Ein Aspekt der mit der biografisch narrativen Gesprächsführung kaum kompatibel ist, aber lösbar. Auch in Gruppengesprächen ist Biografiearbeit möglich. Mit dem Spiel Vertellekes wurde verdeutlicht, wie man auf spielerischer Art Informationen über die Lebensgeschichte der Teilnehmer erlangt. Dazu ermöglichen die Fragekarten den Austausch über biografische Erfahrungen und somit ein besseres Kennenlernen untereinander. Diese Art der Gruppenintervention ermöglicht es Betroffenen sich zu öffnen und von eigenen Kriegserfahrungen zu berichten. Die Feststellung gleiche Erfahrungen gemacht zu haben fördert das gegenseitig Kennenlernen, Vertrauen untereinander auf zu bauen und zwischenmenschliche Beziehungen zu gestalten. Aus meiner Sicht ist es jedoch mit diesem Spiel kaum möglich einen Zusammenhang von belastenden Erfahrungen, dessen Verarbeitung und derzeitige Verhaltensauffälligkeiten herzustellen. Dazu bedarf es in meinen Augen einer folgenden Einzelintervention um mögliche Zusammenhänge herzustellen. Für mich sind diese beiden vorgestellten Methoden im Zusammenhang kriegstraumatischer Erfahrungen eine nützliche Ergänzung zu den derzeitig genutzten Biografiebögen. Daher erachte ich die Biografiearbeit in Pflegeeinrichtungen im Kontext Kriegstraumata als wichtigste und sinnvollste Methode um Lebensgeschichte zu erfahren und zusammenhänge mit Verhaltensauffälligkeiten zu erkennen. Diese Tatsache sollte in der Sozialen Arbeit immer wieder ein Anstoß sein auf Spätfolgen von Kriegsereignissen hinzuweisen. Es handelt sich dabei nicht nur um die direkten Zeitzeugen des zweiten Weltkriegs sondern auch um deren Nachkommen die durch transgenerationale Weitergabe passiv betroffen sind. Dabei sollte auch die aktuelle politische Lage nicht vergessen werden, die es Flüchtlingen aus Kriegsländern ermöglicht in Deutschland eine sichere Heimat zu finden. Diese Menschen haben abgesehen von ihrer Herkunft und ihrem historischen Hintergrund die Auswirkungen von Kriegsereignissen zu tragen. Daher ersehe ich es in der Pflicht der Sozialen Arbeit auf diese Thematik aufmerksam zu machen und auf die Wichtigkeit der Biografiearbeit hinzuweisen.

Anhang

Altersgliederung (WHO)

- Ältere Menschen: 60–70 Jahre
- Alte Menschen: 70–90 Jahre
- Sehr Alte/Hochbetagte: älter als 90 Jahre
- Langlebige: älter als 100 Jahre

Abb. 1 (vgl.Specht-Tomann, 2018, S. 49)

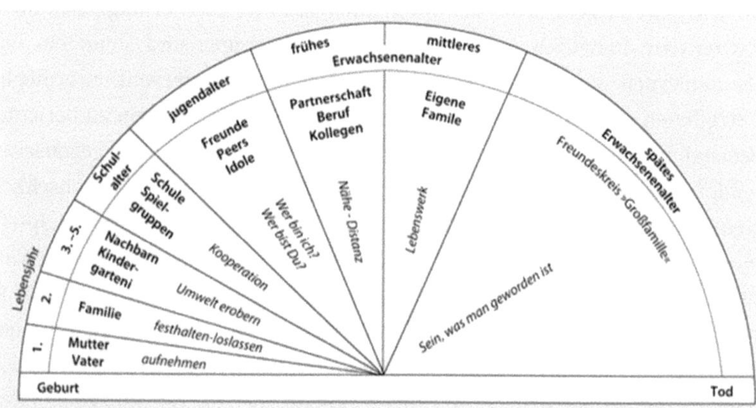

Abb. 2 (vgl.Specht-Tomann, 2018, S. 50)

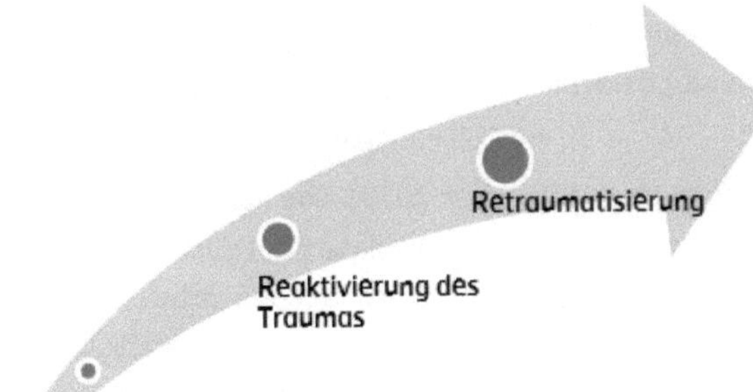

Abb. 3 (vgl.Schleswig Holstein gGMBH, 2013, S. 31)

Literaturverzeichnis

www.bpb.de. (05. Februar 2019). Von
https://www.bpb.de/nachschlagen/zahlen-und-fakten/soziale-situation-
in-deutschland/61538/altersgruppen abgerufen

www-genesis.destatis.de. (05. Februar 2019). Von https://www-
genesis.destatis.de/genesis/online/data;sid=FC30C41B9F87118CF07949
C5A2E393B6.GO_2_1?operation=abruftabelleBearbeiten&levelindex=1&le
velid=1549359157061&auswahloperation=abruftabelleAuspraegungAus
waehlen&auswahlverzeichnis=ordnungsstruktur&ausw abgerufen

www-genesis.destatis.de. (11. Mai 2019). Von https://www-
genesis.destatis.de/genesis/online/data;sid=FC30C41B9F87118CF07949
C5A2E393B6.GO_2_1?operation=abruftabelleBearbeiten&levelindex=1&le
velid=1549359157061&auswahloperation=abruftabelleAuspraegungAus
waehlen&auswahlverzeichnis=ordnungsstruktur&ausw abgerufen

Berendonk, C. (2015). *Den Menschen als Ganzes sehen.* Marburg: Tectum Verlag.

Bohleber, W. (2009). Kriegskindheit und ihre lebenslangen seelischen Folgen.
In H. Radebold, G. Heuft, & I. Fooken, *Kindheit im zweiten Weltkrieg* (S.
259). Weinheim München: Juventa.

Bundesministerium für Gesundheit unter Beteiligung der Arbeitsgruppe ICD.
(22. September 2017). *Internationale statistische Klaissifikation der
Karankheiten und verwandter Gesundheitsprobleme.* Von www.bvf.de:
www.bvf.de/pdf/richtlinien/idc10gm2018syst_odt20170922.pdf
abgerufen

Diakionie MSE. (2018). *Einrichtungskonzeption.* Neustrelitz: Diakonie MSE.

Fiedler, P. (kein Datum). Vertellekes. Essen: Vincentz Verlag.

Finze, S. (2012). *Das Trauma der Kriegskinder.* Eschborn: Klotzverlag.

Gahleitner, S. B., Zimmermann, D., & Zito, D. (2017). *Psychosoziale und
traumapädagogische Arbeit mit geflüchteten Menschen.* Göttingen:
Vandenhoeck & Ruprecht GmbH & Co. KG.

Glaesmer, H., & Brähler, E. (April 2011). Die Langzeitfolgen des Zweiten
Weltkrieges in der deutschen Bevölkerung: Epidemiologische Befunde
und deren klinische Bedeutung. *Psychotherapeutenjournal,* S. 346-353.

Grünberg, K. (2002). Tradierung des Nazi- Traumas und Schweigen. In I. Özkan, A. Streeck-Fischer, & U. Sachsse, *Trauma und Gesellschaft* (S. 252). Göttingen: Vandenhoeck & Ruprecht.

Heinzelmann, M. (2004). *Das Altenheim - immer noch eine "Totale Institution"?* Göttingen: Cuvillier Verlag.

Herman, J. L. (1993). *Die narben der Gewalt.* München: Kindler Verlag GmbH.

Hirsch, M. (2011). *Trauma.* Gießen: Psychosozial- Verlag.

Hölzle, C., & Jansen, I. (2011). *Ressourcenorientierte Biografiearbeit* (2. durchgesehende Auflage Ausg.). Wiesbaden: Springer.

Huber, M. (2012). *Trauma und die Folgen* (5. Auflage Ausg.). Paderborn: Junfermann Verlag.

Lore Wehner, Y. S. (2017). Biografiearbeit Grundlage der Aktivierung. In Y. S. Lore Wehner, *Sensorische Aktivierung* (S. 9-28). Berlin Heidelberg: Springer Verlag GmbH .

Maercker, A. (2013). *Posttraumatische Belastungsstörung* (4. Auflage Ausg.). Heidelberg: Spinger- Verlag.

Miethe, I. (2014). *Biografiearbeit* (2. durchgesehene Auflage Ausg.). Weinheim Basel: Beltz Juventa.

Pausch, M., & Matten, S. (2018). *Trauma und Traumafolgestörungen.* Wiesbaden: Springer Fachmedien Wiesbaden GmbH .

Radebold, H. (2009). *Kindheiten im Zweiten Weltkrieg* (2 Auflage Ausg.). (H. Radebold, G. Heuft, & I. Fooken, Hrsg.) Weinheim München: Juventa Verlag.

Radebold, H. (2009). Während des Alters anzutreffende Folgen: aktueller Kenntnisstand. In H. Radebold, G. Heuft, & I. Fooken, *Kindheiten im zweiten Weltkrieg* (2. Auflage Ausg., S. 259). Weinheim München: Juventa Verlag.

Radebold, H. (2015). *Die dunklen Schatten unserer Vergangenheit* (6. Auflage Ausg.). Stuttgart: Klett-Cotta.

Redaktion Naturwissenschaft und Medizin. (1998). *Duden Das Wörterbuch medizinischer Fachausdrücke* (6., vollst. überarbeitete und erg. Auflage Ausg.). Mannheim;Leizig;Wien;Zürich: Redaktion Naturwissenschaften und Medizin.

Reddemann, L., & Wöller, W. (2017). *Komplexe Posttraumatische Belastungsstörung* (1. Auflage Ausg.). Göttingen: Hogrefe Verlag GmbH & Co. KG.

Rodolf, G. (2009). Kriegskinder und Persönlichkeitstruktur. In H. Radebold, G. Heuft, & I. Fooken, *Kindheit im zweizen Weltkrieg* (2. Auflage Ausg., S. 259). Weinheim München: Juventa Verlag.

Romeike, A. (März 2017). Reaktivierung von Traumata aus dem Zweiten Weltkrieg- Erscheinungsformen und Umgang mit der Thematik in der stationären Altenhilfe. *Pflege und Gesellschaft*, S. 197-213.

Ruppert, F. (2018). *Trauma, Bindung und Familienstellen* (7. Auflage Ausg.). Stuttgart: Klett-Cotta.

Schleswig Holstein gGMBH, A. (2013). *Der Einfluss von Kriegserinnerungen auf die Praxis.* Kiel.

Specht-Tomann. (2018). *Biografiearbeit* (3. vollständig aktualisierte und erweiterte Auflage Ausg.). Berlin: Springer.